Berättelsens kraft

Ett verktyg i specialpedagogisk handledning
med fokus på kommunikation och språkliga utmaningar

Kerstin Blomborg Johansson

Berättelsens kraft

Ett verktyg i specialpedagogisk
handledning
med fokus på kommunikation och
språkliga utmaningar

BoD förlag

© 2022 Blomborg Johansson, Kerstin
Förlag: BoD – Books on Demand, Stockholm, Sverige
Tryck: BoD – Books on Demand, Norderstedt, Tyskland
ISBN: 978-91-8027-914-7

Innehållsförteckning

Inledning

Sedan barnsben har jag har alltid haft ett stort intresse för ordet och berättelserna. Kanske väcktes det där vid klipporna i Lysekil när pappa berättade om de små varelserna som under dagen gömde sig i skrevorna men som kom fram vid gryning och skymning. Jag kommer så väl ihåg att jag nästan kunde skymta deras små luvor. I min fantasi visste jag precis vad de gjorde och lekte när inte vi människor tydligt kunde se dem. Kanske är det just det att få ta del av berättelser och tolka och omsätta dem i sitt inre liv som berikar och gör att vi lär oss om oss själva och andra. Berättelser är således något jag haft med mig under livets gång och in i yrkeslivet.

Under skolåren var det ämnen som tillhör det språkliga området som var mina bästa. Ett intresse för teater och musik kompletterade det som skolan erbjöd av lärande. Jag har alltid trivts i skolan och har bara positiva minnen av den tiden. Vad gäller min yrkesbakgrund så utbildade jag mig efter gymnasietiden till lågstadielärare och var klar med den utbildningen 1975 efter att ha läst två terminer på sjuksköterskeskola. Det var inte vad jag skulle syssla med upptäckte jag ganska snart. Jag bestämde mig för att hoppa av och arbetade som barnflicka ett år ungefär. Under den tiden hann jag fundera och så blev beslutet att söka lärarutbildning. Jag fick efter utbildningens slut tjänst inom ett rektorsområde med mångkulturell prägel där det också fanns en betydande andel elever där hemmen hade svårigheter med att ge barnen det stöd som de behövde för

6

sin utveckling. Där arbetade jag först som lågstadielärare och efter examen som specialpedagog fram till 2009, med ett avbrott för ett jobb i särskolan under några år. Förutom utbildningen som specialpedagog, tog jag även under denna tidsperiod en magisterexamen i utbildningsvetenskap med inriktning specialpedagogik samt gick utbildning inom området Språkstörning. Därefter bytte jag arbetsplats till annan kommun där mitt ansvarsområde också omfattade en viss del i förskolan. Efter några trivsamma stimulerande år fick jag chansen att arbeta specifikt med frågor som handlar om tal, språk och kommunikation inom Specialpedagogiska skolmyndighetens regi. Det blev några år på Resurscenter för Tal och språk i Stockholm och några år som regional rådgivare. Efter det sökte jag mig tillbaka till förskola och grundskola som specialpedagog, med inriktning tal och språk, läs och skriv. Sommaren 2020 gick jag i pension.

Under mina år som pedagog under ett långt lärarliv har det för det mesta varit elever som bidragit till att jag känt behov av att reda ut de frågor som uppstått i skolsituationen och i många fall fortbilda mig runt dessa frågeställningar. Intresset för språk och kommunikation har följt mig genom åren. Att arbeta som specialpedagog är i sig ett ständigt lärande. Det har blivit många skrivna dokument och berättelser under åren. Att teckna ner det som man ser och uppfattar i situationer i form av berättelser och därefter läsa och reflektera över dem har varit till stor hjälp för att upptäcka mönster och skapa förståelse för situationer som uppstår.

7

I handledningssituationer har dessa underlag i form av berättelser varit ett gott stöd som utgångspunkt i samtal tillsammans med kloka pedagoger. Även här blir kommunikation ett nyckelbegrepp oss pedagoger emellan såväl som mellan pedagoger och barn/elever.

Min förhoppning är att dessa mina berättelser tillsammans med övrigt skrivet ska kunna vara intressant och givande för dig som läsare.

1. Kommunikation centralt för utveckling och lärande i alla åldrar

Ibland är det som om livet plockade ut en av sina dagar och sa: "Dig ska jag ge allt! Du ska bli en av de där rosenröda dagarna som skimrar i minnet när alla de andra är glömda. Det här är en sådan dag. Inte för alla människor naturligtvis. Många, många gråter just nu och kommer att minnas den här dagen med förtvivlan, det är underligt att tänka sig. Men för oss Melkerssons i Snickaregården på Saltkråkan är det här en dag så bubblande full av lust och fröjd och glans och glädje, så jag vet inte vad vi ska ta oss till med den", (Ur Vi på Saltkråkan, Astrid Lindgren, 1964).

Orden i citatet ovan har en förmåga att förflytta oss som läsare till en plats där vi förmodligen aldrig varit. Vi skapar utifrån det skrivna ordet en föreställning i vårt inre, en bild av platsen och familjen som omtalas. Beroende på våra egna erfarenheter och den erfarenhet vi har av Astrid Lindgrens författarskap, tolkar vi texten och skapar en inre föreställningsvärld, en bild av det skrivna. Vår inre bild och den känsla och stämning som texten förmedlar kommer att skilja sig åt från en individ till en annan.

Texten kommunicerar till oss och med oss. Mey (2001) uttrycker det som att "Språket kodar på sätt och vis det mänskliga livet". Att ha en fungerande kommunikation är avgörande för oss människor. I förskolans och skolans verksamhet är förmågan att kommunicera med språket som verktyg centralt, oavsett om kommunikationen sker verbalt eller icke-verbalt. I den dagliga verksamheten uppstår

9

mängder av möten barn och vuxna emellan som ställer krav på en fungerande kommunikation för att alla ska utvecklas och lära utifrån sina förutsättningar samt känna tillhörighet och delaktighet.

Följande vardagliga händelse speglar detta.

Det stannar en blå Opel på parkeringen utanför den gulmålade förskolan Timotejen. Motorljudet tystnar och ena bildörren öppnas. En kvinna i 35-års åldern kliver ut. Hennes klädsel signalerar att arbetet väntar. Hennes kroppsspråk signalerar detsamma. Hon öppnar bakdörren och böjer sig in i bilen. Förmodligen är det bilbältet som ska lossas. Det går någon minut och ut hoppar en liten pojke. Han ser ut att vara i 4-5 års åldern. Att döma av hans raska, glatt hoppande steg fram till grinden i det gröna staketet med sitt rutade mönster och ordentligt förankrade grindstolpar, har han gått den här vägen ett antal gånger. I handen håller han en kanin som vispar sina lurviga ben i backen. Kvinnan, förmodligen förälder följer raskt efter. Pojken öppnar dörren in till förskolan, "Här kommer jag", ropar han nästan innan fötterna passerat tröskeln. Så stängs dörren och det går en stund innan kvinnan kommer ut igen. Hon går med raska steg mot bilen. Vänder sig om mot fönstret och vinkar med ett småleende på läpparna. Ett lätt tryck i höger hand, det blinkar till och låset fungerar som det brukar. Kvinnan glider ner på sätet, dörren stängs och den blå Opeln lämnar förskolan Timotejen för dagens värv.

Den beskrivna händelsen skildrar en början på en dag full av kommunikativa inslag nästan innan något hänt alls.

Många funderingar och frågor kan ställas. Vad sa mamma till pojken innan bilbältet lossades? Vad förmedlade hennes handgrepp och kroppsspråk och hur påverkar det pojkens känsla av hur den här dagen börjar och kommer att bli? Hur ser mötet ut när pojken självklart öppnar dörren till förskolan och meddelar att här kommer jag? Vad säger det om hur han tänker om sin förskola, de vuxna där och kompisar runt honom. Ser mötet med honom annorlunda ut jämfört när andra barn gör sin entré?

Kommunikation som begrepp
Utbildningen i förskola och skola ska ge barnen förutsättningar att kunna tänka, lära och kommunicera i olika sammanhang och för skilda syften. Därigenom läggs grunden till att barnen på sikt tillägnar sig de kunskaper som alla i samhället behöver. Förmåga att kommunicera, söka ny kunskap och samarbeta är nödvändig i ett samhälle som präglas av stort informationsflöde och kontinuerlig förändring. Språk, lärande och identitetsutveckling är intimt förknippade med varandra.

Kommunikation utgör således ett sammanfattande begrepp för människor i samspel med varandra. Språk och kommunikation är allt det vi förmedlar genom att vara den vi är tillsammans med andra människor. Ett samspel som innebär att vi utvecklas, lär om oss själva, om andra och om samhället med allt vad det innebär. Samspel är grunden för en fungerande kommunikation. Språket är ett av verktygen.

Enligt uppslagsverket Nationalencyklopedin (2000) härstammar ordet kommunikation från latinets communicatio 'ömsesidigt utbyte', av communico 'göra gemensamt', 'låta få del i', 'få del av', 'meddela', av communis 'gemensam', 'allmän', 'offentlig'.

Kommunikation betyder således att dela, göra gemensamt, att överföra information människor emellan. Någon skickar ett budskap och någon annan tar emot som aktiv avlyssnare. Vi kommunicerar budskap med ord (verbal kommunikation) och utan ord (icke-verbal kommunikation).

Den verbala kommunikationen sker exempelvis via:

• Talat språk.

• Skrivet språk med de symboler och tecken som språket använder sig av.

Den icke verbala kommunikationen sker exempelvis genom:

• Kroppsspråk

• Miner, blickar, gester

• Röstkvalitet

• Bilder

• Tecken som stöd till tal

• Konstnärliga uttryck som sång, musik, dans och bildskapande.

Den icke-verbala kommunikationen ser olika ut mellan länder och kulturer och även inom en mindre grupp av människor. I kommunikationen människor emellan påvisar undersökningar och forskning att orden har liten betydelse i förhållande till kroppsspråk och röstkvalitet. Enligt

Wikipedia tolkar man 55 procent av kroppsspråket, 38 procent av röstkvaliteten och 7 procent av ord och innehåll. Människan är alltså en kommunicerande varelse. Individer kommunicerar budskap såväl med ord som med kropp. Kommunikationen sker både med ett direkt uttryck men också ett metauttryck dvs. på vilket sätt det uttryckta uttrycks (Hougaard, 2004). Hougaard menar att av en mängd olika anledningar och då exempelvis på grund av metakommunikationens art uppfattas inte alltid ett budskap av mottagaren på det sätt som sändaren menat och tänkt.

Det som hörbart kommuniceras kan liknas vid toppen på ett isberg (Ellneby & Hilgers, 2006). Vi vet att isberget har större delen av sitt omfång under vattenytan. Det är den synliga delen av isberget tillsammans med vår kommunikation under ytan, den som inte hörbart uttalas som avgör hur det utsända budskapet tas emot och uppfattas

Det kommunikativa uppdraget

I FN:s barnkonvention och FN:s konvention för personer med funktionsnedsättning finns skrivningar som tar upp rätten att kunna kommunicera och att uttrycka sig.

I Barnkonventionens artikel 12 står:

"Konventionsstaterna ska tillförsäkra det barn som är i stånd att bilda egna åsikter rätten att fritt uttrycka dessa i alla frågor som rör barnet. Barnets åsikter ska tillmätas betydelse i förhållande till barnets ålder och mognad."

13

FN:s konvention för personer med funktionsnedsättning tar upp yttrandefrihet och åsiktsfrihet. I artikel 21 betonas vikten av att se till att information och kommunikation blir tillgänglig i praktiken, exempelvis genom att anpassa format och teknik så att personer med funktionsnedsättning har likvärdiga möjligheter att ta del och använda sig av den.

Styrdokumenten i förskola och skola knyter an till Barnkonventionen. Uppdraget är att spegla de värden som uttrycks i Barnkonventionen: Det är "barnets bästa" som står i centrum. Barn och elever har rätt till delaktighet och inflytande samt att även få kunskap om det som är deras rättigheter.

Detta synsätt genomsyrar också hela läroplanen. Som en följd av det ska förskola och skola ge barnen möjligheter att utveckla en positiv uppfattning om sig själva. De ska se på sig själva som individer som lär på egen hand och tillsammans med andra med förundran över det de möter. De skall ges förutsättningar till fortsatt bildning med utrymme för fantasi, kreativitet och skapande.

Kopplingen till Barnkonventionen är också tydlig när det gäller uppdraget att lära barn och elever vad begreppet demokrati innebär. De ska få verktyg för att kunna omsätta det i praktiken. Hela utbildningsystemet ska ge dem som går där stöd i sin sociala utveckling så att förutsättningar skapas för att kunna ta ansvar för sina handlingar i skola och hem. Det betonas också att det som intresserar barnen och behoven som de har ska ligga till grund för hur pedagogerna utformar miljön och planerar utbildning och undervisning.

Utöver detta kan nämnas att den amerikanska logopedföreningen ASHA (American Speech-Language-Hearing Association) har tagit fram ett dokument som sammanfattar alla rättigheter som har att göra med kommunikation (Communication Bill of Rights).
Dokumentet har översatts till svenska med bildstöd via DART (DAtaResursTeam). DART är ett kommunikations- och dataresurscenter för personer med funktionsnedsättning. Man arbetar med alternativ och kompletterande kommunikation (AKK), kommunikativa rättigheter och tillgänglighet för barn, ungdomar och vuxna utifrån att alla ska rätt till att kunna kommunicera.

Rätten att kommunicera

Jag har rätt att:

• Vistas i miljöer som är kommunikativt tillgängliga.

• Delta i samtal som har ett meningsfullt innehåll.

• Be om och få uppmärksamhet och samspela med andra.

• Uttrycka önskemål och känslor.

• Få möjlighet att välja.

• Be om det jag vill ha.

•Få insatser för att utveckla min kommunikationsförmåga.

• Ha möjlighet att använda mitt kommunikationssätt hela tiden.

• Säga nej till föremål och handlingar.

• Bli lyssnad på och att få ett svar även om svaret bli nej.

• Be om och få information om planer och rutiner som rör mig.

- Bli pratad med och inte om.
- Bli tilltalad på ett respektfullt sätt.
- Alltid ha ett kommunikationssystem som fungerar.

För att "Rätten att kommunicera" ska bli ett levande dokument i utbildningssystemet behöver de som arbetar där problematisera och reflektera över den verksamhet som de är delaktiga i. Vad innebär begreppet en kommunikativt tillgänglig lärmiljö? Hur bör den se ut konkret och i praktiken? Vad präglar ett samtal med meningsfullt innehåll och finns det samtal med meningslöst innehåll? Blir samtal meningsfulla enbart beroende på innehåll eller tänker vi på hur tonfall, meningslängd, taltempo och ljudmiljö påverkar? På vilka sätt ges barn och elever möjligheter att påkalla uppmärksamhet, uttrycka känslor och behov utifrån sina förutsättningar och förmågor? Finns det möjlighet att använda olika kommunikationssätt som en naturlig del av verksamheten och hur ser insatser ut för att tillgodose det? Hur ser samverkan ut vad gäller mellan pedagoger och vårdnadshavare och mellan pedagoger och överordnade för att säkra en utbildning där rätten att kommunicera genomsyrar verksamheten. Vad underlättar och vilka eventuella hinder finns för att dessa ska kunna förverkligas?

En kommunikativt tillgänglig lärmiljö
Förskolans och skolans uppdrag är att ge barnen en utbildning som skapar förutsättningar för utveckling av tänkande, lärande och kommunikativ förmåga för att på sätt

kunna ta del av och bidra till det som sker i ett demokratiskt samhälle. Inte minst viktigt är sambandet mellan dessa förmågor och individens identitetsutveckling. För att detta ska ske behövs en lärmiljö som är kommunikativt tillgänglig där barn och elever görs delaktiga dvs blir lyssnade på och räknade med samt har möjlighet att påverka sin situation allt efter ålder och mognad. Om inte lärmiljön präglas av tillgänglighet uppstår hinder för att vara delaktig. Grunden för att kunna skapa sådana tillgängliga miljöer är ett synsätt som har sin utgångspunkt i allas lika värde, att vi är delar av ett pussel där varje bit är värdefull, oavsett form och storlek för att pusslet ska bli helt. Vi lär av och om varandra vilket i sin tur skapar förutsättningar för förståelse och gemenskap. Bristande tillgänglighet är en form av diskriminering. Förskola och skola har ett kompenserande uppdrag vilket betyder att barn och elever med funktionsnedsättning ska ha likvärdiga möjligheter att kunna lära och utvecklas i den situation där de befinner sig. Förskola och skola är ålagda att aktivt arbeta för att motverka diskriminering. Sådant främjande och förebyggande arbete syftar till att skapa samma rättigheter och möjligheter för alla barn utifrån funktionsvariationer.

I samtal mellan pedagoger och i handledningssituationer som berör hur verksamheten ska kunna skapa förutsättningar för en kommunikativt tillgänglig lärmiljö diskuteras hur man praktiskt ska gå tillväga och hur man ska bemöta och förhålla sig. Det handlar exempelvis om hur undervisning och samspel organiseras inomhus och utomhus, hur rum utnyttjas för att kunna gruppera och skapa miljöer och hur kommunikativt stöd kan ges på olika sätt. Därutöver vilka medel och resurser man upplever sig ha till sitt förfogande för detta. Något som pedagoger också ofta lyfter fram är det som händer i kommunikation och samspel mellan barn och barn, mellan vuxna och barn och pedagoger sinsemellan. Samarbete med vårdnadshavare för att få en helhetsbild och hemmets vetskap är en annan viktig sak. Att vara närvarande och inlyssnande så att barnen känner tillit och trygghet och vågar säga vad de tycker och önskar beskrivs som viktigt.

I boken "Lyssnandets pedagogik" av Åberg och Lenz Taguchi (2005) står begreppet "hörstyrka". Det är förskolebarnet Filip som myntar begreppet. Det handlar om att vara inlyssnande för att förstå och lära, även tillämpbart för oss som vuxna. Hans kloka ord får avsluta kapitlet.

Jag: *Vad mycket du vet, hur har du lärt dig allt det där?*
Filip: *Man måste ha bra hörstyrka förstår du.*
Jag: *Hörstyrka, vad är det?*
Filip: *Jo, man måste lyssna hela tiden på vad alla pratar om, noga måste man lyssna. Det är bara så man kan få en bra hörstyrka.*

2. Pragmatisk förmåga. Dess betydelse för kommunikation människor emellan. Dess koppling till handledning och specialpedagogiska frågeställningar.

Filip i föregående kapitel myntade begreppet "hörstyrka" där det koncentrerade lyssnandet är centralt för att kunna uppfatta, tolka, förstå, lära och samspela samt använda språket i kommunikation med andra människor. En fråga man kan ställa sig är när utvecklingen mot en sådan "hörstyrka" börjar utvecklas.

Barn har en förmåga att ta till sig språk redan innan födelsen i den mening att det har förmåga att reagera på ljud under den del av graviditeten då hörseln utvecklas. Det kan känna igen röster och ljud samt rytmen och satsmelodin i det som sägs, sjungs eller spelas. När barnet lämnar den trygga världen i mammas mage inleds en språkprocess som varar livet ut. Som människor kan vi ständigt utvecklas språkligt.

Den pragmatiska förmågan – förmågan att använda språket i samspel med andra blir synlig redan från allra första början när barnet möter sin omvärld. Vi hör barnet göra ljud av olika slag. När det vill förmedla något som är ett behov skriker barnet. Efter ett tag får vi det första efterlängtade leendet och i utbyte mot att vi ler mot barnet får vi leende tillbaka. Ben och armar talar sitt tydliga språk genom att vifta och sprattla. Känslor förmedlas via kroppsspråk och ibland gråt och skrik. Allt eftersom tiden går växer det talade språket fram. Först som joller och så småningom kommer det första ordet.

Den pragmatiska förmågan är således grundläggande och där vi börjar vårt språkande. Det handlar om språkets funktion och hur man använder det i olika sociala situationer. Vilken förmåga har vi att anpassa vårt språkande till den situation som råder? Hur förmår vi att skapa förståelse för andra människors sätt att tänka genom att ta den andres perspektiv och tolka både språkliga och icke-språkliga signaler? Klarar vi att lyssna, komma ihåg, tolka och därefter forma det vi hör till en sammanhängande enhet och ge relevanta svar i ett löpande samtal? Förmår vi att ge lagom mycket information och att förstå det underförstådda i språket? Sammanfattningsvis handlar alltså pragmatik och pragmatisk förmåga om hur vi förmår att hantera den språkliga processen och vad som händer när vi använder språket. Bruce (2016) understryker att den pragmatiska förmågan är utvecklingsbar under livets gång och beroende av vilka sociala erfarenheter och vilket stöd vi får i samspel och språkande.

Vad är då pragmatik som begrepp och hur kan det definieras? Nettelbladt och Salameh (2007) ringar in pragmatiken område i termer av språkanvändning och kommunikationsförmåga. Språkanvändningen inbegriper såväl verbala som icke-verbala uttryck och sker i interaktion med andra människor. I boken "Språkutveckling och språkstörning hos barn. Pragmatik - teorier, utveckling och svårigheter" från 2013, lyfter Nettelbladt det dialogiska perspektivet och kontexten som en påverkansfaktor av betydelse. När pragmatiska svårigheter uppstår är de en produkt av samtalssituationen och blir synliga först då en sådan uppstår. Leinonen m.fl (2000) menar att pragmatik är studier av språk i sitt sammanhang. De påpekar att det inte finns en helt förenlig uppfattning om vad som bör inrymmas i detta påstående. Pragmatiken kan ses ur olika vetenskapliga perspektiv och utifrån olika discipliner. Leinonen m.fl (2000) specificerar vad som studeras inom pragmatiken i nedanstående punkter:

• Språkanvändande i socialt samspel, där turtagande och andra samtalsregler fokuseras.
• På vilket sätt meningsbetydelser skapas där inte språkvetenskapliga beteckningar räcker till. Det handlar då om talakter, metaforer, ironi, bildspråk refererande uttryck, antydningar likväl som tvetydigheter.
• Berättande och återberättande.

Pragmatiken hävdar att människors språktillägnande mer är avhängigt sociala aspekter än utvecklingsmässiga. Den förklarar hur ett visst innehåll kan uttryckas på olika sätt beroende på vilket sammanhang det uttalas i (Mey, 2001). Språkanvändaren och den sociala kontexten har en inbördes växelverkan. Den sociala kontexten kan exempelvis vara det mindre sammanhanget runt en individ såsom familj, kamratgrupp, arbetskamrater. Ett pragmatiskt synsätt fokuserar alltså på språkanvändaren och den inre cirkeln runt denne. Det stannar dock inte med detta utan blicken vänds även mot de villkor som råder i det samhälle, där

21

individen ingår. Mey (2001) beskriver det som att "pragmatiken studerar språkanvändning i mänsklig kommunikation utifrån samhällets fastlagda normer".

Vi kan ju både fundera över hur människan kan kommunicera det den menar med sitt språkande, såväl som hur individer språkligt konstruerar så att de kan säga det de menar. Pragmatiken förklarar alltså hur samma innehåll uttrycks och tolkas olika i skiftande sammanhang. På så sätt kan man säga att ett pragmatiskt synsätt också kan var behjälpligt när mänskligt beteende förstås och förklaras. Ur pragmatisk synvinkel betyder det att de uttryckssätt vi väljer kan säga mer än orden i sig. Tankar och känslor som individen egentligen avser att dölja framskymtar omedvetet. När vi använder språket och försöker förstå det vi får till oss handlar det om att knyta samman det som sagts med det som vi vet. Därefter menar Mey (2001) tenderar människan att välja den tolkning som innebär minsta möjliga ansträngning och som har stöd av kontexten. I handledningssituationer och i tolkningar av det som ses och upplevs i situationer som uppstår i förskola och skola och som utgör underlag för handledning är det av stor vikt att ha med sig denna vetskap.

Talakten och handledningssamtalet
Vad kännetecknar en talakt? Leinonen m.fl (2000) beskriver talakten som en företeelse där det handlar om såväl talarens avsikt som lyssnarens och samtalspartnerns tolkning. De antaganden som individer gör baserar sig på

omvärldskunskap och tidigare erfarenheter av socialt samspel. När personen ifråga har svårigheter med att formulera sådana antaganden uppstår problem i kommunikationen. Talakten beskrivs av Mey (2001) som en rad av ord som uttalas, laddade med mening. Talakten har en informativ såväl som en handlande funktion. Något sägs där orden är laddade med mening. Det finns en avsikt med det som uttalas och en förhoppning om att det som sagts ska få en effekt. I exempelvis ett handledningssamtal återfinns samtliga talakter. Det sägs något, något avses med det sagda och det som sägs ger en viss effekt hos deltagarna. Mey (2001) pekar på ett maktperspektiv i vissa kommunikativa situationer, vilket också kan identifieras i denna typ av samtal. Samtliga parter kan använda sig av ett visst ordval, vinkla, överdriva eller undanhålla information. Samtalsdeltagarna kan även via kroppsspråk och tonfall "tala bortom orden". Leinonen m.fl (2000) understryker att val av språkliga mönster och vokabulär är avgörande för hur lyssnaren tolkar samtalspartnerns avsikt med det som uttalats. De menar att den som talar gör ständiga överväganden gällande "costs and benefits". Det innebär att personen funderar över huruvida den som samtalas med kommer att reagera på det som sägs och om det egna syftet med det uttalade uppnås. Tolkningsutrymme finns att utnyttja. Det "spel" som pågår där aktörerna använder sig av ordval, kroppsspråk och tonfall utgör en slags kontextuell arena eller scen (Mey, 2001). Den är i sin tur avgörande för hur samtalet, den kommunikativa situationen utvecklas och

23

förlöper. I kommunikativa situationer används olika "script", manus, för olika sammanhang. I ett handledningssamtal används ett handledningssamtalsmanus, vilket innebär att samtalsdeltagarna har mer eller mindre klart för sig vilka beteenden som förväntas, vilka samtalsämnen som kommer att avhandlas samt i vilken miljö detta samtal kommer att äga rum. Allt detta påverkar samtalsdeltagarnas kommunikativa förväntningar. Mey (2001) understryker att det alltså inte är talakten som sådan som gör att ett yttrande kan förstås utan handlingseffekten av densamma, i den kontext där talakten äger rum. "Dramat", där det hela utspelas bär större betydelse än talakten som sådan och kan samtidigt gälla som en definition av den pragmatiska akten. Som ovan nämnts kan man alltså bese talakten utifrån den som utför handlingen, aktören och utifrån handlingen som sådan. Aktören har en viss förförståelse med sig samt egna tillgångar och begränsningar i förhållande till situationen och de konventioner och villkor som den representerar. En språkanvändare måste anpassa sitt sätt att språka både verbalt och icke-verbalt, när han eller hon möter människor med andra erfarenheter än sina egna om ömsesidig förståelse ska kunna nås. Ord bär olika laddning och mening och kan tolkas olika. Leinonen m.fl (2000) visar på ett helt vanligt samtal vänner emellan som bärare av en mängd olika sociala budskap. Det kan gälla aspekter som har med exempelvis kön, socialgrupp, sexualitet eller härkomst att göra. Människor adresserar varandra olika. Begreppet adressera betecknar hur individen får någon att lyssna och agera dialogiskt. Det handlar således inte bara om att uppfatta ett budskap utan också om att motta detsamma. Allt detta ingår som element i en handledningssituation såväl som i all mänsklig kommunikation.

3. Pragmatik och handledning i specialpedagogiska frågor.

Pragmatikens område har således en nära koppling till handledning och i detta fall specialpedagogisk handledning. Som tidigare nämnts ger den förklaringsmodeller till hur det vi kommunicerar med ord och utan ord uttrycks och tolkas i de sammanhang där vi ingår och den kan då också förklara varför vi beter oss som vi gör. När vi sedan fogar samman det som kommuniceras med det som vi vet väljer vi den tolkning som vi känner ligger oss närmast och som passar in i det sammanhang där vi befinner oss. Talakterna i ett handledande samtal syftar till att avsikten med det som kommuniceras ska få en effekt. En process startas som ska ge upphov till handling. Som tidigare nämnts är det viktigt att vara medveten om handledningsmanuset som används i "dramat på den kontextuella arenan scenen" som Mey (2001) uttrycker det. Ett manus som medför att de som deltar i samtalet vet vilka beteenden som förväntas, vilka samtalsämnen som kommer att avhandlas samt i vilken miljö detta samtal kommer att äga rum. Dessa antaganden som vi tar för givet kommer att påverka processen i handledningssamtalet och därmed också vad effekten blir.

I de samtal av handledande karaktär som jag under mitt yrkesliv som specialpedagog fått förmånen att vara delaktig i har många tankar väckts utifrån den situation som varit aktuell och från pragmatikens kunskapsområde. Det är många olika faktorer som satt sin prägel på ett sådant samtal. Hur har det fortlöpt och utvecklats? Vilka påverkansfaktorer går att identifiera?

Det kan handla om hur väl förberedd jag själv är i min roll som specialpedagog och vilken vetskap jag har om det sammanhang jag kommer att möta. Lika viktigt är att pedagogerna är väl förberedda och att de tänkt igenom vad det är som behöver problematiseras. För att det ska bli ett samtal som ger dem insikter och verktyg bör pedagogerna få möjlighet att släppa verksamhetens krav under samtalstiden. Det är viktigt att få känna att man kan vara närvarande och har tillräckligt med tid. Tilliten till mig som specialpedagog och tilliten pedagoger och eventuella andra deltagare emellan är en annan betydande påverkansfaktor. Finns inte den bli det svårt att komma framåt. Alla behöver uppleva att det är högt i tak, att man inte blir bedömd eller recenserad utan fritt kan beskriva hur man upplever och tänker runt den situation som samtalet handlar om. Andra påverkansfaktorer är om det finns en vilja att skapa en förståelse för hur ett barn eller en elev agerar i en viss situation eller om man har med sig en bestämd och färdig bild av det hela som då kan bli svår att ändra på. Vilka kompetenser styrkor och svagheter erbjuder verksamheten och vilka är mina egna som specialpedagog? Har pedagogerna blivit tvingade till handledning eller har behovet uppkommit och formulerats utifrån deras egna iakttagelser och önskemål? Sist men inte minst ska inte ramen runt samtalet underskattas, till exempel i form av en bekväm trivsam vrå att sitta i och kanske en kopp kaffe med något ätbart till eller dylikt. Det kan bidra till god samvaro.

Följande är ett exempel på en situation som skulle kunna vara föremål för handledning.

Bakgrund – exempel 1

F går i förskola och är tre och ett halvt år gammal. Hen har omfattande kommunikativa svårigheter och en intellektuell funktionsnedsättning. F är i behov av stöd för hela sitt lärande och sin utveckling. Vad gäller det kommunikativa krävs insatser i form av språkträning både individuellt, inom gruppens ram och organisatoriskt. Den träning, de erfarenheter, upplevelser och den anpassning av miljön som F möter i förskola och i hemmiljö skapar förutsättningar för social delaktighet vilket i sin tur genererar optimala utvecklingsmöjligheter. På så sätt kan F:s förmågor stärkas och utvecklas. All personal på förskolan bör således vara insatt i vad som främjar F:s utveckling. Detta finns dokumenterat och beskrivet. Förskolan har uppdraget att arbeta därefter men upplever det problematiskt när uppdraget ska förverkligas i verksamheten.

En av pedagogernas beskrivning och tankar - exempel 1

Jag har aldrig upplevt det jobbigt med F på förskolan och med arbetet tillsammans med hen. Det är de pedagogiska frågorna och perspektiven i arbetet samt att följa utvecklingen som är det intressanta och som sporrar till ett fortsatt pedagogiskt förhållningssätt. Men det blir tungrott att känna sig ensam i det. Det är klart att det finns flera orsaker till det men den främsta anledningen är det som man kan kalla arbetsrelationer. Det är ledsamt att övriga arbetslaget inte är delaktiga i arbetet som rör F. Att de känner att de inte kan, hinner eller ibland tror jag inte vill ta till sig av hur vi skulle kunna arbeta med F och övriga barngruppen, så att pedagogiken kommer både F och övriga barn till del. Jag tänker att det skulle vara bra och gagna alla barn. Jag upplever att mina tankar och idéer och det jag ser i arbetet med F inte tas tillvara. Jag får en känsla av att arbetslaget stänger mig ute från övriga barngruppen och helst vill att F och jag ska sköta vårt så de får göra sitt i fred och slipper fundera över alternativa sätt att arbeta där F är delaktig. Vi blir det som inte var meningen, en ö för oss själva. Det finns speciellt några saker som särskilt gör att F blir utanför som jag ser det.

Vuxna har för bråttom i den muntliga dialogen. Man väntar inte in barnen så att de kan ta in det talade ordet. Vuxna lyssnar dåligt på barnen. När F är borta eller har varit borta så läggs teckenkommunikationen helt åt sidan. Det gör att det inte blir en naturlig tecknande miljö på förskolan och även när F är tillbaka så tecknas det mycket mindre och ibland inte alls. Det finns pedagoger som inte inser vikten av att gemensamt bidra till att hålla ljudvolymen nere, utan istället bidrar de till att ljudvolymen höjs genom att prata högljutt till barnen. Det känns så ledsamt alltihop och så svårt att inte kunna göra det bästa för F fast man vill.

Exemplet beskriver alltså en situation där handledning av specialpedagog skulle kunna vara ett stöd även om pedagogen själv inte formulerar behovet. Pedagogen som har ett riktat ansvar för det aktuella barnet känner sig isolerad, ensam och utestängd från arbetsgemenskapen. Hennes idéer om hur pedagogiken kan utvecklas för att främja barnets och alla barns utveckling på förskolan tas inte tillvara och varken hon eller barnet som hon upplever det är delaktiga eller inkluderade i verksamheten. Hon beskriver att hon upplever att pedagogerna inte hinner, kan eller vill ändra på något. Hon sätter fingret på några saker som skulle kunna vara värdefulla att lyfta i en handledningssituation. Det gäller främst det språkliga men påverkar naturligtvis också hela barnets lärande. Pedagogerna behärskar inte den muntliga dialogen med barnen på ett sätt som gagnar deras språkliga utveckling. De lyssnar inte tillräckligt uppmärksamt på det barnen vill säga och väntar inte in deras svar tillräckligt för att barnen ska få sagt det de önskar. Vad gäller det aktuella barnet så får det inte tillgång och stöd i teckenkommunikation i tillräcklig omfattning. Den används heller inte på ett sätt som främjar barnets delaktighet i verksamheten. Det hela resulterar i att pedagogen känner sig ledsen och uppgiven främst å barnets vägnar. Man kan förmoda att den egna arbetslusten och glädjen i arbetet försvinner mer och mer.

Vad skulle specialpedagogisk handledning kunnat bidra med?

Specialpedagogisk handledning bör ta sin utgångspunkt och bygga på pedagogernas upplevelser och kunskaper kring sitt arbete. Reflektion bör vara en central del. Lauvås och Handal (2015) menar att handledningen är en process där tanke och handling förenas. De betonar också att det är viktigt att reflektionen sker tillsammans med andra. Enligt Gjems (1997) består handledning av fyra delar. Den omfattar rådgivning, utmaning, undervisning och stöd. Tveiten (2010) pekar på att handledningen har fyra mål, kunskapsinlärning, färdighetsutveckling, personlig utveckling samt integrerad yrkesskicklighet. Individerna som handleds kommer som Gjems (1997) menar att utmanas i sina tankar och föreställningar, genom eget kunskapsutbyte och det som specialpedagogen förmedlar. På så sätt utökar de också sin kunskap och kompetens och måhända behövs något råd därtill. I den bästa av världar uppfylls de mål som Tveiten (2010) ställer upp.

I exemplet med barnet F behöver pedagogerna ett stort mått av stöd för att tillsammans med specialpedagogen skapa tillit till varandra så att de vågar säga hur de tänker och upplever det som ska problematiseras. Den som är mest utsatt i situationen är den pedagog som har huvudansvaret för det aktuella barnet. Specialpedagogens uppgift är att skapa en trygg ram runt situationen och den kollegiala handledningen. Det kan göras genom att man formaliserar situationen på så sätt att en ostörd miljö skapas, att det finns en bestämd tidsram för själva handledningssituationen men också för över hur lång period handledningen ska sträcka sig innan man avslutar och utvärderar. Det bör finnas ett gemensamt formulerat syfte för handledningen.

31

Formaliseringen innebär också att det finns en samtalsledare som styr rundan där alla får säga sitt runt det dilemma som ska diskuteras och reflekteras kring. Det är viktigt för att alla ska känna sig trygga med att de får ge sin bild av situationen. Specialpedagogen bör fundera över sin roll och förhållningssätt i handledningen. Specialpedagogen har en viss expertkunskap men det är viktigt att samtalet får en jämlik karaktär där inlyssnande och respekt präglar samtalssituationen. Ahrenfelt (2013) menar att om specialpedagogen "blir en expert" i handledningssituationen tilldelas den per automatik högre status och mer makt som medför att den har ett företräde i sakfrågor. Jämlikhet, diskussion och icke recenserad reflektion uteblir. Verksamheten ges inte chansen att utvecklas vidare.

I exemplet blir det tydligt att pedagogen som har huvudansvaret för barnet upplever att arbetslaget behöver stöd i lyfta fokus från det enskilda barnet och istället titta på hur lärmiljöer och arbetslag fungerar tillsammans. I tillitsfulla samtal kan värderingar och attityder synliggöras och funderas och reflekteras runt. Hur man talar om och kring barnen som så kallat inte passar in i normen är en frågeställning som behöver lyftas. Man behöver titta på vad som fungerar istället för vad som inte fungerar samt fokusera på nya lösningar och nya sätt att förstå situationen istället för att skuldbelägga barnet. Det leder till att man så småningom kan se ett större sammanhang, en hel situation. En förhoppning är att specialpedagogisk handledning ska bidra med ett relationsskapande och hälsofrämjande perspektiv, förändrat förhållningssätt och relationsskapande samt att ett gemensamt språk och att en gemensam inriktning utvecklas. En ytterligare förhoppning är att en kompetenshöjning sker genom att man får prata av sig, tänka och reflektera tillsammans, dela med sig av kunskaper och på så sätt skapa mer insikt i om vad som är "barnets bästa" och därmed verksamhetens bästa.

Följande exempel visar på en situation där specialpedagogisk handledning varit ett stöd i arbetet runt barnet och där pedagogerna är medvetna om att processen fortsätter.

Bakgrund – exempel 2
T går i förskola och är fyra och ett halvt år gammal. T har ett svårförståeligt uttal och en ännu inte fungerande grammatik och språkförståelse i förhållande till ålder. Hen är i behov av allmän språkstimulans för sin fortsatta kommunikativa utveckling och lärande samt för att skapa optimala förutsättningar för social delaktighet. Stödet ges inom gruppens ram. Arbetslaget får handledning vad gäller insatser vilka finns dokumenterade. Förskolan har uppdraget att arbeta därefter.

Arbetslagets beskrivning och tankar – exempel 2
Arbetslaget uppfattar att T går framåt i sitt lärande. Hen behöver dock fortsatt stöd vad gäller den kommunikativa biten. Uttalssvårigheterna finns fortfarande kvar och T är ibland svår att förstå. Speciellt om hen pratar fort eller det

är mycket ljud runt omkring. Då får vi anstränga oss för att kunna svara och inte ge "tokiga" svar säger pedagogerna. Gör vi det blir T ledsen och tystnar. I det stora hela är T:s uttalssvårigheter inget hinder för hen utan mer vårt problem. Själv kommunicerar T glatt och villigt. Pedagogerna märker att det behövs tid samt lugn och ro när T ska formulera sig och hitta orden. "Vi försöker tänka på rådet vi fått att tala en i taget, lyssna och invänta svar och tala tydligt och inte för fort." Pedagogerna märker att instruktioner fungerar om man gör på det viset. "Det är ett dilemma att få till det i en verksamhet där det händer mycket", säger man men understryker att de vet vikten av det. Pedagogerna berättar att de använder kategoriseringsövningar och försöker ge modellmeningar för att bygga ut det T säger. De har märkt att lägesord är ett utvecklingsområde och efterfrågar tips på hur de ska kunna få in det i arbetet med barngruppen. Just nu låter vi barnen göra det väldigt praktiskt med kroppen berättar de. Pedagogerna önskar fortsatt handledning vad gäller språkgrupperna som de startat upp och med bildstöd som de börjat införliva när det gäller att strukturera dagen. De efterfrågar också stöd i hur man ska fortsätta att dokumentera runt T:s utveckling såväl som för hela barngruppen.

Ahrenfelt (2013) talar om förändringar av första och andra ordningen. En förändring av första ordningen innebär att personer inom en organisation agerar på samma sätt som de gjort tidigare när de möter utmaningar och problem i sin verksamhet även om de metoder som använts inte varit framgångsrika. Ingen förändring sker varken hos dem själva eller där utmaningarna finns. Rådgivning i handledning kan förekomma men handledaren bör vara medveten om hur och när råden ges. Istället kan erfarenheter delas om hur hen skulle eller har gjort i liknande situationer. Om handledning upplevs som till största delen rådgivande kan det leda till att pedagogerna blir beroende av en så kallad expert för att lösa dilemman på förskolan. Då blir det en förändring av första ordningen eftersom rådgivningen inte leder till reflektion. En förändring av andra ordningen däremot påverkar både organisation och individer. Man förändrar sitt sätt att tänka och förhålla sig, reflekterar över tidigare agerande, skapar ny förståelse och reviderar. Utifrån de dilemman som reflekterats kring har också en kompetenshöjning skett. Resultatet blir en förändring som är hållbar över tid. I exemplet som handlar om T är en process igång som kan leda till en sådan hållbar förändring.

Min erfarenhet är att berättelser har kunnat bidra med att skapa en bild och ett mönster av det som händer i barnets/elevens vardag, hur barnet fungerar tillsammans med andra och vilka förutsättningar som ges för att en god utveckling ska ske. Vid mina besök i förskola och skola har det ständigt följt med ett antal pennor och klippta små lappar som rymts i handen under besöket. Ett så omärkligt ständigt noterande av stort och smått som hänt och utspelat sig i klassrum, korridorer, samlingsrum, lekrum, utomhus och inomhus har bidragit till ett antal skrivna berättelser. Barn och elever har ibland frågat vad det är jag skriver och jag har då fått förklara att jag varit intresserad av hur de har det på förskolan eller i skolan, vad de får lära sig samt vad för roliga aktiviteter som förekommer där. Dels för att lära mig mer och dels för att kunna tipsa andra som jag möter. För var gång jag blivit ombedd att göra ett besök i förskola eller skola har resultatet oftast blivit en berättelse utifrån mina noteringar. Det har varit viktigt att direkt sätta sig ner vid återkomsten till kontor eller ibland hotellrum och skriva ner för att kunna ge en bild som motsvarar det jag sett. Givetvis har säkert saker gått mig förbi men genom att försöka fånga vad som händer kontinuerligt under besöket tror jag att berättelsen kunnat bidra till ett underlag för samtal och reflektion utifrån syftet med besöket. I samtalet med pedagoger utifrån det jag fångat och skrivit ner har de formulerat sina tankar och reflektioner samt kunnat ifrågasätta och komplettera bilden. Vilka lärdomar kan då berättelser bidra med?

4. Vad kan vi lära av berättelser?

I den biografiska forskningstraditionen används life history som en metod. Metoden tar sitt avstamp i enskilda personers livsberättelser. Life history metoden fokuserar på hur livet utvecklar sig under tidens gång och hur livet hänger samman. Life history har en anknytning till metoder som samlat kunskaper om individens liv och villkor genom personers egna berättelser och/eller dokument. Life story är ett annat begrepp som har ett kortare tidsperspektiv men som ändå ligger life history nära i syfte och mål. Här har forskare lite olika tankar om hur begreppen bör definieras. Atkinson (1998) anser att life history är det som forskaren uppfattar och tecknar ner av det som berättaren delger. Life story är trogen berättarens egna ord till hundra procent. Under årens gång har det narrativa vuxit fram som ett perspektiv inom forskningsområdet. Om man förenklar det något skulle ett narrativt forskningsperspektiv kunna beskrivas som en life story där man tar sig an analysen av berättelsen med ett större djup.

I utbildning inom områdena vetenskapsteori och vetenskapsfilosofi i början av 2000-talet mötte jag det narrativa bland många andra vetenskapliga perspektiv och metoder. Det fascinerade mig men var inte något jag använde mig av i min magisterutbildning som senare följde. D-uppsatsens syfte och ämnesområde krävde andra perspektiv och metoder. Det narrativa och berättandet fanns ändå kvar i mitt medvetande och måhända kan det vara det som till viss del gjorde att berättelser blev centralt i mitt arbete som specialpedagog.

Berättelsen är en gåva där vi är fria att tolka och uppleva den utifrån den person vi är och med de erfarenheter och den historia vi har med oss i bagaget. Berättelser finns av många olika slag, sagor, fabler, historiska händelser, biografier och berättelser om saker som händer oss dagligdags, för att nämna några exempel. En del berättelser har färdats genom årtusenden. Muntliga och skriftliga berättelser, förmedlas på en mängd olika sätt. Föräldrar och far och morföräldrar berättar för barn och barnbarn ibland med en bok i handen. I skola och förskola lyssnar barn och elever till högläsning via fysiska personer och via medier av olika slag och får på så sätt stiga in i andra världar. Jag tänker osökt på barnbibliotekarien som jag såg sittande med en liten skara yngre barn ute i parken en vacker sommardag. Hon hade en bilderbok i handen och katten Findus i knäet och jag kunde tänka mig att barnen just då var inne i Katten Findus och gubben Petterssons värld. Ibland behövs inte orden. I betraktandet av ett konstverk ges ett tilltal som är unikt för var individ som tar del av det. Musik, dans, teater berättar. Vi kan lära oss om oss själva och samtiden via berättelsen och det som vi upplever när vi lyssnar till den. Det är en styrka och tillgång som inte bör underskattas.

Astrid Lindgren är författaren som tagit med sina läsare till en mångfald av världar. Hennes böcker och berättelser och möten med dem hon gestaltat och hur de tacklat tillvarons utmaningar på olika sätt har betytt mycket för många människor. Det är omvittnat. Läsare har fascinerats och utmanats av Pippi Långstrumps ensamliv och obändiga självtillit, av Karlsson på Takets busighet och olydnad och kanske fällt en tår av glädje när Kajsa Kavat äntligen får sin efterlängtade docka i julklapp efter allt slit med att sälja karameller på marknaden när farmor brutit benet. Astrid Lindgren väjer heller inte för allvarliga och svåra teman i sitt skrivande. I boken "Bröderna Lejonhjärta" blir kampen mellan ont och gott, liv och död en följeslagare. Boken väcker tankar som rör det existentiella. I var tid har dessa böcker och berättelser något att säga oss utifrån den tolkningsram av samtiden som just då är förhärskande.

Boken "Lotta på Bråkmakargatan" skrevs av Astrid Lindgren på tidigt sextiotal. Den har således runt 60 år på nacken. Jag läste den som barn och sedan har den varit nerpackad i en låda på vinden. Efter en vindsröjning hamnade den i min bokhylla återigen. Jag kunde inte låta bli att läsa den ännu en gång och slogs av hur mycket i den som går att relatera till nutid. Mycket har förändrats men mycket är sig ganska likt. Vad i den berättelsen kan genom läsupplevelsen bidra till ökade lärdomar var en fråga jag ställde mig. Jag stannade upp ett antal gånger under min läsning och lite extra inför denna händelse i boken, lite summariskt beskriven:

Lottas dag börjar inte bra. Hon är arg redan från början. Hon har drömt att hennes storasyskon Jonas och Mia-Maria slagit grisen Bamsen innan de gått till skolan och drömmar är sanna tror Lotta. Lotta sitter i sängen och tjuter och det hjälper inte att mamma säger att det bara var en dröm. Lotta är övertygad om att Jonas och Mia-Maria slagit Bamsen. Inte nog med det så kommer mamma med en stickig jumper som mormor gjort och vill att Lotta ska ta på sig den. Den killar och sticks, säger Lotta. En sådan kan man inte ha på sig borde mamma begripa. Lotta vill ha på sig sin blå sammetsklänning istället. Men mamma går inte med på förslaget. Hon ändrar sig inte. Sammetsklänningen är en finklänning avsedd för söndagen. Lotta säger att hon hellre går naken och fortsätter tjura. Efter en stund ropar mamma och frågar om Lotta ska komma och dricka sin choklad med ostsmörgås. Det dröjer en bra stund men så småningom går Lotta sakta ner för trappan och in i köket. Hon kan väl dricka sin choklad om nu mamma så gärna vill men mamma är fortfarande bestämd på att Lotta måste ta på sig den där stickiga jumpern först. Då skriker Lotta "Dumma dig" och stampar hårt med foten. Nu blir mamma arg och Lotta blir uppskickad till barnkammaren. "Stanna där till du blir snäll", säger mamma. Om Lotta har varit arg innan så går det inte att jämföra med hur det blir nu. Lotta vrålar så det hörs in till grannhuset. Hon är alldeles rasande. Hon får syn på jumpern som ligger där på golvet. Lotta tar sin sax och klipper hål i jumpern. Nu går den inte att ha tänker hon. Hon klipper ett hål och sedan ett till. Hon ska säga att det var en hund som bitit hål i jumpern. Men sedan inser hon vad hon gjort och slänger jumpern i papperskorgen och där ligger den när mamma kommer upp och frågar om hon har klätt på sig så hon kan följa med till affären. Lotta vrålar både för den sönderklippta jumpern och

40

för att hon inser att hon inte kommer att få följa med men hon ger sig inte och mamma går iväg för att handla utan vetskap om vad Lotta gjort. Allt blir fel och Lotta känner sig så missförstådd så hon bestämmer sig för att flytta hemifrån till tant Bergs bod på skräpvinden. Inte så långt visserligen men ändå. Tant Berg förstår dilemmat och säger att det kan väl gå bra. Tant Berg ser till så att Lotta får något att ta på sig. Hon har en jumper i sina gömmor som faktiskt inte är så olik den Lotta klippte sönder. Tant Berg hjälper henne att göra iordning på skräpvinden också och så har Lotta fått ett eget "hushålle". Där bor hon hela dagen och det går riktigt bra tycker Lotta. Hon dammar och städar, leker med Bamsen, äter av det tant Berg skickar upp till henne i en liten korg och så småningom blir det kväll. Mörkret faller och Lotta börjar fundera på vad man gör därhemma. Man kan känna sig väldigt ensam här i världen när det blir mörkt och man bor på en vind i en bod vid tant Bergs hus, fastän det ligger alldeles bredvid där mamma, pappa och syskon nu tar kväll. Men så händer följande ordagrant återgivet:

Lotta suckade. Och den sucken var det enda som hördes på vinden, annars var det alldeles tyst. Det skulle inta vara så tyst tyckte Lotta, därför började hon sjunga:
-När jag kommer i mitt lilla hus då är jag ensam om natten,
sjöng Lotta, men sedan teg hon och suckade. En gång till försökte hon:
-När jag kommer i mitt lilla hus, då är jag ensam om natten...

41

Sedan kunde inte stackars Lotta sjunga mer, hon bara grät.

Men nere i trappan kom pappa och han sjöng: .

-Då tänder jag mitt lilla ljus, då har jag ingen mer än katten.

Lotta grät ännu värre.

-Pappa, skrek hon jag vill ha en katt åtminstone.

Då tog pappa och lyfte upp Lotta ur sängen och höll henne i sin famn.

-Vet du vad Lotta, sa pappa. Mamma är så ledsen därhemma, nog kunde du väl flytta hem till jul i alla fall?

-Jag vill flytta hem nu, skrek Lotta.

Och då tog pappa både Lotta och Bamsen och bar in dem i det gula huset till mamma.

-Lotta har flyttat hem, skrek pappa redan när de kom i farstun.

Mamma satt framför brasan i vardagsrummet. Hon sträckte ut armarna mot Lotta och sa:

-Är det sant? Har du verkligen flyttat hem, Lotta?

-Ja, jag ska bo hos dig hela mitt liv, sa Lotta.

-Det var då bra roligt, sa mamma.

Sedan satt Lotta länge i mammas knä och bara grät och pratade inte, men till sist sa hon:

-Mamma jag har en annan vit jumper nu, som jag fått av tant Berg, det är väl bra?

På det svarade mamma ingenting. Hon satt tyst och tittade på Lotta. Då slog Lotta ner ögonen och mumlade:

-Jag klippte sönder den andra och jag vill

-Men om jag också säger förlåt, sa mamma. Om jag säger så här: förlåt lilla Lotta för alla gånger jag varit dum mot dig.

- Ja då kan jag säga förlåt, sa Lotta. Hon slog armarna om mammas hals och sa: Förlåt, förlåt, förlåt, förlåt.

Sedan bar mamma upp Lotta i barnkammaren och stoppade ner henne i hennes egen sköna säng, som det var lakan i och en skär filt, som Lotta brukade rycka tussar ur när hon skulle sova. Pappa kom också och både mamma och pappa kysste Lotta och sa: God natt lilla älskade Lotta. Sedan gick de.

-Snällingar är dom, sa Lotta.

När vi går in i en berättelse formas inre bilder, unika för var individ. Vi upplever, känner och tänker. Ibland kan vi relatera till det vi själva varit med om och erfarit. Allt detta kan bidra till att vi får ökade kunskaper och lärdomar om allt från rena fakta till insikter om oss själva. I avsnittet ur boken "Lotta på Bråkmakargatan" finns beröringspunkter som handlar om barns utveckling, barnuppfostran, konfliktlösning och genusperspektiv. Vi får också ett historiskt perspektiv från sextiotalet. Man kan fundera över vilka likheter och skillnader som finns mellan tidigt sextiotal och hur det ser ut i vår tid. Skulle det kunna förekomma att ett barn flyttar hem till grannen som Lotta gjorde? Hur ser kontakter människor emellan ut i dagens samhälle och finns det samma sociala kontroll nu som då? Kan vi lära oss av hur Lottas mamma och pappa agerar eller är deras sätt att lösa konflikter enbart tillämpbart för den tid de levde i? Hur såg deras respektive roller ut? Skulle Lotta kunna vara ett nutida barn och hur hade man tänkt om hennes agerande idag? Det är några tankar och frågeställningar och mycket mer finns givetvis att hämta.

Det som varit underlag för handledning i mitt arbete har ju inte varit skönlitterära texter utan iakttagelser som sedan utmynnat i berättelser av det jag sett under verksamhetsbesök i förskola och skola. Men det har vissa beröringspunkter. Själva berättelsen formar en bild av det som händer i verksamheten runt det aktuella barnet eller eleven och samspelet i den aktuella situationen. Berättelserna blir olika i sin utformning beroende på situation och syfte med besöket. Därför har det varit viktigt att fundera över mitt eget betraktande för att kunna fånga det som sker så objektivt som möjligt. Genom att läsa och tillsammans med pedagoger och andra berörda fundera och reflektera över det som framkommit har förhoppningen varit att berättelsen som underlag ska kunna visa på mönster och ge ledtrådar till varför barn och elever gör som de gör. Den vetskapen kan då i den bästa av världar ge redskap till att utforma en miljö i skola, förskola och hem som tar vara på styrkor och fungerar stödjande i det som är utmaningar. Utmaningar som ibland ställer till det i kommunikation, samvaro och lärande.

5. Berättelsen om Mariam, en berättelse om berättelsen

Berättelsen om Mariam kom till utifrån ett uppdrag på en förskola och besök där. Här har den omformats så att det skrivna inte ska vara igenkännligt för någon läsare men ändå grunda sig på verkligheten. Berättelsen om Mariam blir en berättelse om berättelsen där också det som tillhör handledningsprocessen ingår.

Kommunikation genomsyrar all handledning. Ibland mer specifikt och ibland på ett mer generellt plan. Kommunikativa rättigheter och tillgänglighet för barn, ungdomar och vuxna utifrån allas rätt att kunna kommunicera är centralt. I handledningen runt Mariam lyftes följande fram ur "Rätten att kommunicera" (se inledande kapitel).

Jag har rätt att:
Få vistas i en miljö som är kommunikativt tillgänglig och få insatser för att utveckla min kommunikationsförmåga. Ha möjlighet att använda mitt kommunikationssätt hela tiden. Alltid ha ett kommunikationssystem som fungerar.

Mariam går på Torängens förskola avdelning Katten. Hon är 5 år. Om några månader fyller hon 6 år, vilket hon är stolt över och ofta berättar. På Torängens förskola började hon några månader innan hon skulle fylla fyra år. Dessförinnan bodde familjen i en annan kommun där Mariam gick på förskola från två års ålder. Mariams föräldrar kommer från Tanzania. Mariam är född i Sverige. Hon har en

45

hörselnedsättning som upptäcktes när Mariam var ett halvår. Hon fick hörapparat när hon var drygt 1 år. Mariam och föräldrar har stöd av habilitering. I hemmet talas både swahili och svenska och Mariam blandar båda språken när hon pratar. Pappa är den som använder sig mest av svenska medan mamma mest pratar swahili. Mariam kommunicerar mycket och livligt enligt pedagogerna men det är en hel del de inte förstår av det hon säger. Mariam säger de ord och fraser hon kan och dem använder hon ofta. Resten av ordflödet uppfattar pedagogerna som "låtsasord". Möjligen kan det vara ord på swahili också som Mariam försöker få till. Pedagogernas och föräldrarnas uppfattning är att ordförrådet är litet i omfång både på svenska och somaliska. På förskolan använder man tecken som stöd till tal (TAKK). Föräldrarna var först tveksamma till användning av tecken som stöd och även till att själva teckna. De tänkte att Mariam inte skulle utveckla sitt tal lika bra om man tecknade. Efter att de fått information av logoped så förstod de att detta istället stimulerar talutvecklingen. De använder således tecken hemma om än i begränsad omfattning. Pedagogerna säger att de märker att det tar längre tid för Mariam att befästa orden jämfört med tecken men hon har stöd av teckenspråket och tecknar lite själv. Ibland har hon svårt att hitta rätt ord till det hon vill teckna och kan teckna "gul" men säger "grön". Pedagogerna tycker sig märka att Mariam ännu inte har en språkförståelse som är i nivå med ålder och hon har ännu inte kommit så långt i sin språkliga medvetenhet. De funderar också över hur mycket hörselnedsättningen påverkar språkutvecklingen. Följande händelse exemplifierar en situation som skapat sådana funderingar.

Exempel - målarrummet

Mariam och en kompis sitter vid ett av borden i målarrummet på förskolan. Det är snart påsk och det ska pysslas lite inför det. När pedagog Janna ber Mariam hämta papper, missförstår hon först, och frågar förvånat "Hämta pappa? Hon förstår dock när hon får det förtydligat och med stöd av tecken att det handlar om att hämta papper i ett annat rum. Snabbt kilar hon iväg och kommer tillbaka glatt viftande med en bunt papper i handen. Faller bitar av det som sägs bort på grund av hörselproblem eller är det meningen i sig som hon missuppfattar, funderar pedagogerna.

Förskolans pedagoger upplever att Mariam trivs på förskolan. Hon tycker om spel av olika slag. Hon klarar turtagningen bra om det är tydliga och för henne välkända regler. I leken vill hon gärna styra och "vara fröken". Mariam tycker om att leka med dockskåpet på förskolan. Hon kopplar de små föremålen och figurerna till sin egen värld där familjen blir centrum i hennes fantasi. Pedagogerna berättar att hon brukar, samtidigt som hon pratar om de olika föremålen, sortera dem på bordet. De saker som hör till köket läggs i en hög, sovrumssaker i en annan osv. När hon berättar använder hon de ord och fraser hon kan. Mariam vill heller prata än lyssna säger pedagogerna. En av

Mariams styrkor är att rita. Pedagogerna visar en mycket fin teckning med hjärtan runt personer som föreställer hennes familj. Där har hon också skrivit sitt namn. Handalfabetet är ett gott stöd. Hon gillar flanosagor som berättas med stöd av tecken. Hon kan räkna upp till tio och har antalsuppfattning till 2-3. Fin- och grovmotorik fungerar bra. Hon gillar att sjunga, dramatisera och leka rollekar. Hon har humor och kan skoja. I aktiviteter där Mariam inte riktigt vet hur det går till eller vad som förväntas av henne blir hon ganska försiktig och vill gärna att någon annan börjar med aktiviteten, för att hon ska kunna titta på först och se hur man gör.

Sammantaget säger pedagogerna att Mariams lärande, språk och kommunikation har utvecklats men att det går i långsam takt. En extra skjuts framåt blev det dock när närvaron på förskolan ökade, vilket den gjort under det sista året.

Vad är det då pedagogerna önskar stöd i?

Mariam har alltså gått på förskola sedan hon var två år gammal. De första åren gick hon på halvtid enligt avlämnande förskola. Det gjorde hon även på Torängen fram till för ett halvår sedan. Numera går hon på heltid. Mariam och föräldrar har stöd via habilitering och logoped. Förskolan har stöd av kommunens specialpedagog. Logopeden har varit på förskolan vid några tillfällen och samtalat med pedagogerna. Logopeden understryker enligt pedagogerna att Mariams språkutveckling går mycket långsamt framåt på både svenska och Swahili, vilket skulle kunna tyda på en språkstörning. Det finns ett omfattande stödbehov vad gäller språk och kommunikation. Hörselnedsättningen är en påverkansfaktor för språkutvecklingen. Däremot visar habiliteringens utredning att hennes kognitiva förmågor i övrigt är åldersadekvata. En styrka är att Mariam använder tecken och det begränsade ordförråd hon har. Då är hon uttrycksfull både med kroppsspråk och minspel. Pedagogerna menar att de ser en tydlig skillnad i Mariams språkutveckling jämfört med vad som brukar vara typiskt för barn i hennes ålder. De frågar sig varför Mariam inte utvecklas språkligt i snabbare takt. Hon är ändå född i Sverige, säger de. De säger att de försöker tänka att barn är olika och tar olika stora kliv i utvecklingen men känner att det inte är en helt adekvat förklaring. De upplever att de behöver handledning och rådgivning inom ett flertal områden vad gäller språk och kommunikationsutveckling. En av pedagogerna pekar särskilt på dilemmat när ny personal anställs som inte har erfarenhet av den typ av språkliga svårigheter som Mariam har. De beskriver att det lätt blir en obalans i arbetslaget vad gäller förhållningssätt och bemötande. Det leder ibland till konflikter som tar tid och kraft. Pedagogerna känner behov av ökad kunskap runt hörselnedsättning, tecken och bildstöd samt om hur man ska tänka om flerspråkighet. Mariam övergår visserligen snart till förskoleklass men kunskapen kommer att vara viktig inför framtida mottagande av barn med språkliga svårigheter och utmaningar. Pedagogerna har påpekat det för förskolans rektor och en kompetensutvecklingsinsats vad gäller flerspråkighet planeras inom en snar framtid. Rektor säger också att hon är medveten om dilemmat pedagogerna lyfter när ny personal med liten erfarenhet av språklig problematik anställs. Vad gäller ökad kunskap kring hörselnedsättning funderar man om habiliteringen eller hörselpedagog skulle kunna vara behjälplig. Pedagogerna önskar också mer handledning från kommunens specialpedagog. En annan sak som pedagogerna funderar över är hur förberedelse inför övergång till förskoleklass ska ske på bästa sätt. Sammanfattningsvis rör sig alltså funderingarna huvudsakligen runt hur pedagogerna ska kunna ge fortsatt stöd i kommunikativ och språklig utveckling, vilket de anser är viktigt för Mariams lärande i stort. Detta resulterar i ytterligare en handledningsinsats där kommunens specialpedagog är med i processen.

Handledningsprocessen
Två huvudsakliga stödområden utkristalliseras i handledningsprocessen:

• Språk och kommunikationsutveckling – hur stödjer vi Mariam på bästa sätt fortsättningsvis?
• Kompetensutveckling, bemötande och förhållningssätt hos arbetslaget.

Pedagogernas uppgift blir att med stöd av specialpedagog på olika sätt fortsatt iaktta, dokumentera och i samtal reflektera över nuläge och vad som kan utvecklas i lärmiljön för att kunna ge ett gott stöd. Mariam övergår till förskoleklass om drygt ett halvår. Pedagogerna förmedlar att de känner ett stort ansvar för Mariams utveckling och då speciellt vad gäller språk och kommunikation. De vill att övergången till förskoleklass ska bli så bra som möjligt.

Nuläge – vad behöver utvecklas?

Pedagogerna säger att de försöker tillämpa ett språkutvecklande tänkesätt. De understryker att de tänker att det också gynnar alla barn på förskolan. I den upprättade handlingsplanen formuleras några punkter som fokus för insatser. Pedagogerna säger att det är fler åtgärder som skulle kunna tagits med men en avgränsning behövde göras. De nämner begreppsbildning och antalsuppfattning i matematik samt en låg grad av språklig medvetenhet som exempel på andra utvecklingsområden. De förmedlar en frustration över ett omfattande stödbehov som de känner att de inte riktigt hanterar som de skulle önska.

Punkterna i handlingsplanen är följande:

• I vardagens olika situationer sätter vi ord på det som händer. Vi bygger ut meningar så att de blir modeller att ta efter. Vi ställer frågar och förtydligar när det behövs. Vi använder tecken som stöd (TAKK) och bildstöd.

• Vi ger korta/enkla instruktioner och tänker på ljudmiljön.

• När vi planerar aktiviteter tänker vi på att de ska vara språkutvecklande och utgå från barnens intressen samt att de får använda alla sina sinnen i dessa aktiviteter.

• Vuxna är med i leken för att stärka språk och samspel.

• Vi skapar tillfällen för Mariam att återberätta om saker som händer i vardagliga situationer, utifrån högläsning och det som pratas om i samlingen. Vi använder bildstöd.

Handledningsprocessen varar från januari fram till juni då Mariam avslutar sin tid på förskolan för att därefter övergå till förskoleklass. Specialpedagog träffar pedagogerna en gång var tredje vecka för samtal och reflektion runt insatser. Däremellan får arbetslaget i uppdrag att skapa tillfällen för gemensam reflektion och utvärdering. Det framkommer redan vid första handledningstillfället att man upplever att punkterna i handlingsplanen är relevanta och bra att arbeta efter men att de behöver brytas ner än mer konkret. Genomslaget i verksamheten blir inte optimalt. I dagsläget blir det lätt så att "det stannar kvar i pärmen" som de uttrycker det. Man lyfter också att det som bestäms behöver förankras hos alla inom verksamheten och att man lätt glömmer bort dem som kommer nya eller vikarierar. En viktig sak är att i förberedelse av aktiviteter alltid ställa sig frågan, "Vad vill vi med just den här aktiviteten för Mariams språkliga utveckling?

Handlingsprocessens fortskridande
De olika punkterna konkretiseras vid nästkommande handledningstillfälle.

- I vardagens olika situationer sätter vi ord på det som händer. Vi bygger ut meningar så att de blir modeller att ta efter. Vi ställer frågar och förtydligar när det behövs. Vi använder tecken som stöd (TAKK) och bildstöd.

Vi knyter orden till det direkt konkreta i situationen så det blir en direkt koppling mellan ord och föremål. Då kan ordet lagras som en visuell bild kopplad till ordet i inre lexikon Vi benämner och tecknar samtidigt. Om Mariam missförstår eller när vi inte uppfattar tänker vi på att inte bara upprepa det sagda, utan även att säga det på ett annat enklare sätt. Vi försöker utmana Mariam språkligt samtidigt som vi försöker undvika "misslyckanden" i kommunikationen. I lek och samspel kan de vuxna agera "språkbrygga" för att stödja och utveckla.

I den stora gruppen i samlingen är det svårt för Mariam att ta till sig det som sägs på grund av hörselnedsättningen och de språkliga svårigheterna. Hon behöver få en del av det presenterat för sig på ett tydligare sätt. Vi försöker ge Mariam en kort stund på dagen där det som tas upp i samlingen delges bara henne, så hon har en förförståelse och kan bli mer aktiv och delaktig. Vi använder oss också av bildschema för dagens aktiviteter i gruppen samt konkretiserar visuellt så mycket som möjligt. Det är ett bra sätt att stödja tidsuppfattning och begreppsbildning och gynnar även hela barngruppen.

- Vi ger korta/enkla instruktioner. Vi tänker på ljudmiljön.

Därutöver tänker vi på att tala en i taget både barn och vuxna. De vuxna tänker på att hålla ett lugnt taltempo med mellanrum mellan orden och att vi ser till så Mariam ser munnen när vi talar och att hon får tid att tänka efter och hitta orden. För att stödja Mariam när hon inte riktigt hittar ord kan vi använda oss av "prompting" dvs ge en språklig ledtråd genom att säga första delen av ordet eller de första ljuden. Med tanke på Mariams hörselproblematik tänker vi på att ljudmiljön ger rätt förutsättningar för att lyssna och uppfatta. Vi ser exempelvis till så att stolar har skrapskydd och att borden har en yta som inte ger upphov till slammer. Vi ser till så att inte alltför många barn trängs på samma ställe.

• Vi skapar tillfällen för Mariam att återberätta om saker som händer. Då kompletterar vi med bildstöd.

Återberättande är ett effektivt verktyg för att utveckla den språkliga förmågan. Det gör vi exempelvis genom vardagens samtal, högläsning där bilder visas samtidigt, berättelser från temat som förskolan arbetar med, fotograferade och filmade händelsekedjor i det vardagliga på förskolan och hemma. Pedagogerna fotograferar och klistrar in någon händelse då och då som sker på förskolan i en "jagbok" och skriver några rader om det. Det kan bli ett underlag för samtal hemma. Förskolan samverkar med hemmet och berättar vilket tema man arbetar med. Föräldrarna får tips och exempel på ord och begrepp som ingår. På så sätt får Mariam ytterligare repetitionstillfällen och orden på båda sina språk. Kan hemmet dessutom förstärka med tecken skapas ännu större förutsättningar för att befästa orden. Det uppmuntrar vi föräldrarna att göra.

- Vi strävar efter att barnen får möjlighet att utgå från sina intressen och använda alla sina sinnen i de aktiviteter som vi har på förskolan.

Mariam tycker mycket om musik och rytmik. Det är bra för den språkliga utvecklingen. Det ger henne möjligheter att i grupp få ord, begrepp, satsmelodi och rytm i språket. Förskolan använder sig av sångkort. De innehåller sånger med rim, ramsor mm. som också utvecklar den språkliga medvetenheten.

Att läsa tillsammans med Mariam är viktigt för hennes språkliga utveckling. Pedagogerna organiserar högläsningen så att Mariam ingår i en mindre grupp (2-3 barn). Sagorna väljs utifrån barnens intressen och vad som matchar deras språkliga nivå men ändå så att de får lagom språkliga utmaningar. Vi använder sagor och berättelser med bilder och gärna flanosagor som Mariam tycker mycket om.

Handledningsprocessens avslut

Pedagogerna säger att de är glada över Mariams utveckling vad gäller språk och kommunikation. Den går långsamt men ändå framåt. Samtidigt tänker de att de själva genom handledningsprocessen fått en större kunskap och medvetenhet att uppfatta de små stegen. Den ökade tiden under senaste året på förskolan har varit gynnsamt för Mariams utveckling och lärande. Den återkommande och regelbundna handledningen via kommunens specialpedagog har gett ökad kunskap och påverkat personalgruppens arbetsklimat på ett positivt sätt. Man har kommit varandra närmare och kan lättare öppet diskutera de dilemman och svårigheter som man upplever. Det har varit en fördel att göra det med styrning av någon som är utomstående säger pedagogerna. De konkretiserade punkterna som brutits ner än mer vid de enskilda träffarna i arbetslaget har blivit till hjälp i planering och förverkligande i verksamheten. En del har varit lättare att genomföra och andra svårare. Som exempel på något som man lätt tog itu med är ljudmiljön. Man tittade var slammer uppstod, organiserade i mindre grupper i trängselsituationer och använde "väntatecken" för att påminna om att vi pratar en i taget. Däremot har det krävts betydligt mer träning enligt pedagogerna att i alla situationer försöka tänka på det språkliga bemötandet som taltempo, ordval, konkret anknytning föremål-ord i kombination med tecken, att tala vänd mot Mariam samt ge henne tid att tänka och inte svara åt henne. "Jagboken" har börjat användas. Pedagogerna säger dock att de önskat att de hade haft tid att skriva i den mer än vad som blivit fallet. De gånger den använts har den skapat bra samtalstillfällen. Det säger även föräldrarna. Pedagogerna analyserar självkritiskt att de borde varit mer aktiva vad gäller detta. Det har ibland "fallit mellan stolarna". Pedagogerna säger att flanosagor och sångkort redan tidigare haft en given plats i verksamheten men att de blivit mer medvetna om värdet av dem och vikten av att tänka över vad de väljer. Till sist säger de att frågan som ställdes i början av handledningsprocessen har varit mycket viktig för att arbetet ändå har gått framåt. "Vad vill vi med

just den här aktiviteten för Mariams språkliga utveckling?".
Pedagogerna känner sig trygga inför överlämnandet till
förskoleklass och är måna om att berätta både om
utmaningar och styrkor som Mariam har i sin utveckling och
sitt lärande.

6. Berättelsen om Love, en berättelse om berättelsen

Även berättelsen om Love kom till utifrån ett uppdrag på en förskola och besök där. Precis som berättelsen om Mariam har berättelsen om Love omformats så att det skrivna inte ska vara igenkännligt för någon läsare men ändå grunda sig på verkligheten. I denna berättelse om berättelsen ingår det som handledningsprocessen omfattar. I handledningen runt Love lyftes följande fram ur "Rätten att kommunicera" som förut hänvisats till.

Jag har rätt att:
Få vistas i en miljö som är kommunikativt tillgänglig och få insatser för att utveckla min kommunikationsförmåga.
Be om och få uppmärksamhet och samspela med andra. Uttrycka önskemål och känslor. Få möjlighet att välja. Be om det jag vill ha. Säga nej till föremål och handlingar. Bli tilltalad på ett respektfullt sätt. Bli lyssnad på och att få ett svar även om svaret bli nej.

Love går på Marklunda förskola avdelning Sidensvansen. Han är två år och några månader. Att sjunga med rörelser till är något som Love tycker om och gärna deltar i. En annan rolig sak är "Babblarna" både att leka med och lyssna på sagor om. Love är en aktiv liten pojke som gillar att fantisera och leka. I leken vet han vad han vill och visar det. Än så länge stannar Love inte kvar så länge i var aktivitet. Han vill prova många olika saker. Pedagogerna berättar att Love har god språkförståelse och kan ta instruktioner som är anpassade till ålder och mognad. Love försöker ofta imitera de ord han hör efter bästa förmåga och då kan snigel bli gi-ge(l) och kyckling blir sy-kle. Ibland kan Love sätta samman ord till en kortare sats som exempel när Love och några andra barn vill "dega". Så här kan det gå till en vanlig dag.

Exempel – barnen "degar"
Barnen har samlats runt bordet i ett av rummen på förskolan. De får "dega" fritt utifrån sin fantasi men det finns också formar av olika slag att välja på om de vill använda dem. Under "degandets" gång sätter pedagogen ord på det barnen gör. Love vill göra en bil fritt utan form. "Blir det någon bil", frågar pedagogen Love. Love säger "nej". "Tror du jag kan göra en?", frågar pedagogen. "Ja", svarar Love. Love tar fram kakformen bil och säger "bil". Sedan tar han fram formen båt och pedagogen säger: "Ska du göra en båt?" "Ja båt", säger Love. "En bil och en båt", säger pedagogen. "Bil......o...båt", säger Love.

I dagsläget är det för Love som för de flesta barn i den här åldern ett glapp mellan förståelse och uttryck.

Barn i Loves ålder börjar förstå att man kan tänka olika om saker. Det är dock ingen lätt sak att varken erfara eller lära. Pedagogen berättar om en sådan typisk situation där man bygger ett hus med kuddar. Love har en bild av hur det ska vara och kompisen en annan. Just den kudde Love håller i ska vara något särskilt i bygget i hans föreställningsvärld. Han vill inte släppa ifrån sig den till kompisen. "Min" säger han och håller hårt om kudden. Pedagogen får gå in och tolka och förklara och så löser det sig. Även om Love tydligt visar sin egen vilja och kan verka självständig är han samtidigt liten och beroende av närhet, trygghet och bekräftelse.

Vad är det då pedagogerna önskar stöd i?

Love har varit på förskolan drygt ett år och har vistats där regelbundet på heltid. Pedagogerna funderar över och är osäkra på huruvida Love känner sig trygg med kompisarna, det som sker på förskolan och i relationen till dem som vuxna. De menar att barn i Loves ålder brukar tycka att det är roligt att umgås med barn i samma ålder, även om de känner dem lite olika väl. De berättar att när ett nytt barn kommer in i det som händer på förskolan blir Love ofta obekväm. Han söker sig då till en vuxen och ropar på en speciell kompis Lina. När Love blir frustrerad av någon anledning eller hamnar i konflikt ropar han på henne. Namnet Lina blir som ett "mantra" som pedagogerna uttrycker det. Ett exempel på en situation som de funderat över betydelsen av är exempelvis när Lina bjöd in Love i en lek där hon lagat pannkakor och dukat upp så att kompisarna kan få komma och äta. En av de vuxna sitter också med vid bordet. Fast både en känd vuxen och Lina är med i leken vill inte Love komma när det är andra barn där. Han accepterar inte inviten fast en annan pedagog tar honom i hand och erbjuder sig att följa med dit. Han ställer sig en bit ifrån och visar sitt missnöje. Vad är det som gör att han reagerar så frågar de sig?

Pedagogerna upplever också att de är osäkra på hur de ska tänka om situationer där Love hamnar i konflikt med andra barn och där han då ofta går till handgripligheter. De har försökt identifiera vilka situationer det händer i och ger exempel på en sådan. Det är dags för utelek. Det blir trångt ute i hallen när alla ska ta på sina kläder, trots att de har markerade platser med barnens egen bild där de kan stå och klä på sig. Ute i hallen slår Love oprovocerat till Mia och drar av henne mössan. Pedagogen får ingripa, förklara och trösta. Väl utomhus säger Love att han vill gunga. Först gör han en snabb runda förbi sandlådan, springer ett varv runt gården och går sedan till gungan där Mia står och väntar på sin tur. Love puttar omkull Mia utan att något egentligen hänt dem emellan som pedagogen uppfattar det. Pedagogen ingriper och förklarar att Mia väntar på gungan och säger att det kan bli hans tur efter hon gungat. "Vill du det Love?", frågar hon. "Nej", säger Love och springer iväg för att i nästa stund gå fram till ett annat barn som han knuffar till. Pedagogen får återigen gripa in. När M kommer in i en "negativ spiral" eskalerar det som pedagogerna upplever det. Det upprepar sig lite mer och mer intensivt. Sammanfattningsvis önskar pedagogerna handledning runt hur man ska stödja Love i kommunikation, konflikthantering och trygghetsskapande.

Handledningsprocessen

Tre övergripande frågor ställs i början av handledningsprocessen:

• Vad är det Love försöker förmedla till oss som vi ännu inte förstår?
• Vilka behov försöker han tillgodose?
• Hur förstår vi varför han gör som han gör?

Dessa frågor följer sedan som en "röd tråd" genom samtal och reflektioner tillsammans med de frågor som formuleras under handledningsprocessens gång.

Pedagogerna uppfattar en osäkerhet i kommunikation och socialt samspel. Ropet på Lina låter som ett slags "mantra" och man funderar över om det i hans föreställningsvärld symboliserar ett rop efter trygghet.

• Kan man hjälpa honom att finna den tryggheten på andra/fler sätt?
• Kan man vidga hans bekvämlighetszon?
• Vad är det som gjort Lina till en "trygg kompis"? Går det att överföra till fler?

Loves språkande är under utveckling. När han så småningom kan använda orden än mer och ännu bättre kan uttrycka det han vill blir språket ett verktyg att bättre hantera socialt samspel.

• Hur ser stödet ut fram till dess och framöver?

Pedagogerna beskriver situationer där Love går fram till kompisar och utan att ha blivit provocerad slår till. En sådan situation är den ute i hallen och som sedan också "sitter i" ute.

• Är det så att det "sitter i" eller händer det bara?
• Är det intryck i kombination med att det blir ganska trångt som utlöser beteendet?
• Är det ett sätt att ta kontakt? Hur ska man tolka dessa kontaktförsök?
• Vilken är den utlösande faktorn? Vad vill Love egentligen säga med sitt agerande?

Processen fortsätter
Pedagogernas uppgift blir att med stöd av specialpedagog på olika sätt iaktta, dokumentera och i samtal reflektera över det som framkommit. Utifrån det formulera tänkbara sätt att anpassa lärmiljö och förhållningssätt samt pröva dessa.

Följande framkommer:
• Styrd aktivitet som motiverar, stöd av vuxen samt förberedelse inför nya aktiviteter ger ökat lugn och därmed färre konflikter.
• Struktur och tydlighet verkar vara hjälpsamt och bidrar även det till lugn. Love vet exempelvis vilken prick som är hans och att han ska sitta på den i samlingen. Han vet att

bilden på hans plats i samlingen är samma som ute i hallen. Love har stöd av och förmåga att införliva och använda de strukturer och rutiner som finns på förskolan. Pedagogerna försöker hitta fler situationer som kan underlättas via en fast struktur.

• Att skapa utrymme, sovra intryck och minimera "trängda situationer" är hjälpsamt.

• En styrka Love har är att kunna läsa av kroppsspråk utan att pedagogen använder sig av ord. "Stopptecken" har prövats.

• Lugnt tilltal, färre ord och att visa konkret. Inte tala om vad Love inte ska göra.

• Kroppskontakt som att sitta i knäet vid samlingen ger lugn.

• Vi är överens om att ett utvecklingsområde är att stödja Love i att hantera samvaro framförallt i och med att han utökat sin "comfortzon". Kan övriga barn behöva läras hur man närmar sig Love på ett bra sätt?

• Att bryta och avleda samt inte älta lyfts fram som en viktig åtgärd.

• Love vill förstå och han vill lyckas med uppgifter. Det är viktigt att "lura ut" hur han förstår situationer samtidigt som det också är viktigt att fundera på vad han förstår i förhållande till ålder och mognad.

• Att fortsätta att tillsammans iaktta, dokumentera, reflektera och analysera är ett bra tillvägagångssätt.

Handledningsprocessens avslut

Pedagogerna upplever att mycket har förändrats i positiv riktning.

Loves kommunikativa förmåga har ökat. Det underlättar det sociala samspelet.

Love upplevs som tryggare på förskolan, därmed har konflikterna minskat.

Den ökade tryggheten har gjort att Love hittat sin plats på förskolan och som en följd av det också utvidgat sin "comfortzon".

Pedagogerna känner inte längre samma oro för situationen.

7. Berättelsen om Sara, en berättelse om berättelsen

Berättelsen om Sara kom till utifrån ett uppdrag på en högstadieskola och besök där. Fokus för uppdraget var att ge externt stöd vad gäller språkliga svårigheter och utmaningar som fanns för eleven och för skolan. Berättelsen har omformats så att det skrivna inte ska vara igenkännligt för någon läsare men ändå grunda sig på verkligheten. Berättelsen om Sara blir en berättelse om berättelsen där också det som tillhör handledningsprocessen ingår. I handledningsprocessen runt Sara är samtliga punkter i "Rätten att kommunicera" aktuella och tillämpliga.

Jag har rätt att:

Vistas i miljöer som är kommunikativt tillgängliga.

Delta i samtal som har ett meningsfullt innehåll.

Be om och få uppmärksamhet och samspela med andra.

Uttrycka önskemål och känslor.

Få möjlighet att välja.

Be om det jag vill ha.

Få insatser för att utveckla min kommunikationsförmåga.

Ha möjlighet att använda mitt kommunikationssätt hela tiden.

Säga nej till föremål och handlingar.

Bli lyssnad på och att få ett svar även om svaret bli nej.

Be om och få information om planer och rutiner som rör mig.

Bli pratad med och inte om.

Bli tilltalad på ett respektfullt sätt.

Alltid ha ett kommunikationssystem som fungerar.

Uppdrag vad gäller språkliga svårigheter och utmaningar har för mig ofta inneburit resande till en mängd olika platser och skolenheter, allt från de tidigaste åldrarna upp till högstadieålder. Ett spektrum av olikheter och mångfald har berikat mig med erfarenheter, insikter och tillfällen till att fundera och reflektera över hur olika lärmiljöer påverkar. Jag känner ödmjukhet inför uppdraget som pedagog och vad man är satt att hantera samtidigt som uppdraget är klart och tydligt. Jag citerar det som tidigare nämnts och skrivits:

Styrdokumenten i förskola och skola knyter an till Barnkonventionen. Uppdraget är att spegla de värden som uttrycks i Barnkonventionen: Det är "barnets bästa" som står i centrum. Barn och elever har rätt till delaktighet och inflytande samt att även få kunskap om det som är deras rättigheter.

Detta synsätt genomsyrar hela läroplanen. Som en följd av det ska förskola och skola ge barnen möjligheter att utveckla en positiv uppfattning om sig själva. De ska se på sig själva som individer som lär på egen hand och tillsammans med andra med förundran över det de möter. De skall ges förutsättningar till fortsatt bildning med utrymme för fantasi, kreativitet och skapande.

Det är således det som jag har med mig när jag möter dem som har ansvar för Saras skolgång i den här berättelsen.

Uppdraget gällande Sara och Hillnäs skola

Jag stänger hotelldörren och låter den slå igen sakta, sakta. Sätter foten emellan och tar bort skylten som säger att jag vill sova vidare. Sträcker mig och når med en tänjning kroken att hänga den på och låter sedan dörren stängas. Korridorens mjuka röda matta hjälper till att dämpa stegen och istället för att ta hissen går jag nerför marmortrapporna. Passerar våning tre, två, ett och är sedan nere i lobbyn. I receptionen möts jag av ett vänligt leende när jag checkar ut. Hoppas du haft det bra hos oss och ha en bra dag hälsar damen bakom disken och den ännu lite grå morgonen blir plötsligt betydligt ljusare. Ute på gatan har trafiken kommit igång trots att det är en tidig morgon. Bussterminalen ligger tvärs över gatan och tack vare gårdagens rekognoserande kvällspromenad hittar jag den buss som jag ska åka med. Platsen jag är på väg till ligger utanför stadens myllrande liv och vi är endast några få som ska stiga på. Jag letar upp en plats vid fönstret och slår mig ner. Bussen startar och genom fönstret ser jag människor som rör sig med snabba steg på trottoaren. Några ser ut att bara flanera. Vart är de på väg och hur kommer deras dag att se ut? Bussen lämnar myllret och beger sig till ett mål och en plats där jag aldrig varit förut. Jag vet ungefär hur lång tid det ska ta till jag ska kliva av men vägen dit blir en ny upplevelse. Mycket passerar revy medan vägen smalnar av. Jag följer displayen som sitter uppe i taket på bussen. Tittar och prickar av de platser som jag skrivit upp att vi ska passera. Nu är det två kvar innan "min" ska dyka upp och den lite monotona opersonliga rösten ska säga Hillnäs. Jag noterar att bebyggelsen nu i det stora hela ser ut att ha ett färskare datum än vad som förut varit fallet. Arkitekturen är modern och fasaderna och omgivningen andas flärd och stabil ekonomi. Snart, snart måste väl ändå Hillnäs annonseras ut och innan tanken är färdigtänkt hörs det efterlängtade namnet och displayen understryker att jag hört rätt. Jag trycker på den röda stoppknappen. Bussen bromsar in och jag kliver ut på okänd mark. Så var det då att hitta rätt gata och skolbyggnad. Jag knappar in uppgifterna i mobilen och förlitar mig på att den ska ta mig rätt. Så vackert här är hinner jag tänka innan jag riktar blicken neråt för att följa pilen på skärmen och den prickade linjen som visar väg och riktning. Jag får titta mer på omgivningarna på tillbakavägen. Solen skiner och värmer. En solig dag, nästan en baddag tänker jag under tiden jag strävar på med ryggsäck och resväska i andra handen. Rektor för skolan har beskrivit skolbyggnaden jag ska gå in i som av modernt arkitektoniskt snitt, gul till färgen och omgiven av två andra byggnader där matsal och lektionssalar ska finnas. En idrottshall ligger på snedden ner mot ett skogsområde och en parkering ska korsas innan entrén visar sig. För säkerhets skull har jag sparat ner en bild av skolan att ha som jämförelse. Det tar bara någon minut från busshållplatsen hade jag fått veta och där visar den sig. Ett fast tag om resväskan, raska steg över parkeringen, en dörr att öppna och några kliv till så står jag inne i en korridor full av liv. Jag ser mig omkring och konstaterar med hjälp av uppsatta scheman på anslagstavlan att jag kommit till rätt skolbyggnad, högstadiets lokaler och klassrum. En smal korridor med dörrar på var sida. Personalrum, rektors rum, expedition, välbekanta skyltar olika från skola till skola men ändå på något vis desamma. Tänker att jag får söka upp någon för att få guidning till de pedagoger som jag ska träffa och den klass och elev jag ska besöka. Knackar på personalrummet och dörren öppnas. "Vem söker du?", säger den vänliga rösten i dörren. Jag presenterar mig och talar om mitt ärende. "Så bra att du är här", säger rösten. "Vi har väntat på att få stöd och hjälp vad gäller detta. Häng av dig så ska jag presentera dig för kollegorna och eleven du ska träffa. Hon heter Sara". Resväskan kan du ställa här säger hon medan hon pekar på ett litet utrymme bredvid kopieringsapparaten i vrån bredvid. "Står den inte i vägen då", frågar jag? "Nejdå", säger hon. "Här tål vi att trängas lite. Det är ingen fara". Jag hänger upp mina ytterkläder på en krok i det lilla utrymmet som är kapprum. Ser den fullbelamrade skohyllan, de snabbt upphängda ytterkläderna och rastvärdarnas västar. Rättar till jumpern, drar en kam genom håret och tar ett kliv in i personalrummet som just nu är tomt. Vid ett stort fönster står en rödrutig tresitsig soffa, några fåtöljer i matchande färg, ett ovalt träbord samt en lite slokande växt som trängs med böcker och en planering, troligen inför en idrottsdag. Mittemot en bänk med kaffebryggare, två mikrougnar, diskbänk och över och underskåp. Från där jag står kan man se in genom en dörr in i ett annat rum, mer likt ett konferensrum. Där signalerar möblemanget tyngd och allvar med sitt stora ovala konferensbord, de sparsmakade inredningsdetaljerna. Här finns möjligheter att ta del av videokonferenser och utbildningstillfällen. "Så här har vi det", säger rösten. "Nu ska jag följa med dig till den klass där Sara går och så får du följa henne under dagen så ses vi här sedan. Det var väl så det var bestämt?" Min vägvisare går med bestämda steg. Jag följer efter och får några nyfikna blickar från eleverna jag passerar. Korridoren är trång och bänkarna utmed väggarna fullsatta. Jag kliver över utsträckta ben och någon säger ursäkta och drar in dem under bänken. Det är fullt av liv och trängsel men en gemytlig atmosfär råder. "Här kommer du att tillbringa första delen av din dag", säger hon. "Sedan är det lunch och då kan vi ses i personalrummet så kan jag guida dig till matsalen så tar vi lunch tillsammans. Efter lunch har din elev sina lektioner i ett klassrum i tvärkorridoren där borta men det tar vi då. Här kommer hon förresten och hon vet att du ska komma". På håll ser jag en flicka komma gående tillsammans med en klasskamrat. Väl framme stannar hon till och jag presenterar mig. Jag förstår att hon är väl informerad om varför jag är där och att jag ska vara på besök som lite av hennes skugga. Anar att det gör henne lite nervös och spänd och när jag säger att jag förstår att det kan kännas ovant och kanske lite obehagligt så nickar hon och säger ett tyst ja. Vi kommer överens om att jag ska vara så diskret som möjligt och att hon om det är något som hon vill eller inte vill att jag deltar i så ska hon säga det. Jag är tydlig med att jag inte tar illa upp det allra minsta om hon säger nej till mitt deltagande i något moment. Hon berättar att hon ska göra ett efterprov i geografi tillsammans med sin lärare i det lilla grupprummet som ligger alldeles bredvid klassrummet och då kan det kännas jobbigt att ha en extra person med som

71

hon inte känner så väl. "Men jag kanske tycker det känns ok då", säger hon och vi är överens om att hon styr det hela genom ett diskret tummen upp eller ner till mig. Ansvarig lärare presenterar sig. Det blir lite småprat och därefter är det dags att börja dagens arbete. Jag slår mig ner på en stol längst ner i klassrummet. Sara sitter några bänkar till höger om mig. Lektionerna präglas av arbetsro och ett gott tillåtande klimat. Sara har stöd av en extra pedagog som finns i klassen under större delen av dagen. I vissa moment försvinner de diskret ut i grupprummet för enskild instruktion och arbete. Hon har tillgång till egen Ipad med tangentbord, dator och hon har stöd av att lärarna använder interaktiv skrivtavla. När vi småpratar mellan ett av ämnesbytena säger hon att det är olika hur mycket lärarna använder den och hur. Hon lär sig bäst, tycker hon, om saker presenteras med bild och skrift men just bilderna glömmer en del lärare ibland. En annan sak som hon nämner som viktig för henne är att hon får saker repeterade en extra gång. Genomgångarna går ibland för fort fram och hon hinner inte med att anteckna och lyssna. "Det är bra om min lärare kommer och säger det en gång till och att de inte säger så mycket på en gång utan att jag hinner göra det de sagt emellan", säger Sara. Vid något tillfälle märks att det finns en viss frustration i att behöva hjälp med saker måhända beroende på att Sara är i den ålder där det är viktigt att vara en i gänget och som alla andra. Under lektionernas gång den här förmiddagen blir det tydligt hur hårt hon anstränger sig för att följa med i undervisningen och prestera och hur trött

72

hon blir även efter en ganska kort stund, både i det enskilda arbetet och när hon är i klassen. "Jag blir så trött i huvudet så jag nästan somnar", beskriver hon det som. Däremot är hon betydligt mer aktiv i en till en arbetet. I klassrumsarbetet blir hon mer passiv. Vid några tillfällen när hon räcker hon upp handen för att svara och då får frågan säger hon att hon glömt vad det var hon skulle svara. "Det hjälper om jag rör på mig eller kopplar av med något annat en stund som att teckna något eller så", säger hon. Pedagogerna som arbetar i klassen säger att en av deras viktigaste uppgifter är att hjälpa Sara att strukturera och organisera sitt arbete och även förtydliga och ge repetitionstillfällen. Efter lunch växlar vi till en annan lektionssal. Innan lektionerna börjar igen träffas Sara och jag en stund och pratas vid lite avskilt. Jag noterar att Sara alltid kommer i tid till lektionerna. På min fråga om hon alltid har koll på klockan så säger hon att den är hon inte säker på. Hon ställer in tidsangivelser i mobilen och på så sätt fungerar det bra för henne. Sådant där som klockslag, hur lång tid saker tar, födelsedagar, vad årstider och månader heter är svårt tycker hon. I samtalet med Sara hör jag att hon arbetat med sitt uttal. Det skymtar några lätta uttalsavvikelser om man lyssnar noga. Hon säger också att det är bra att jag inte talar så fort. Jag märker att hon ibland får göra pauser för att hitta det hon vill säga. Då använder hon gester för att förtydliga. Utifrån de frågor jag ställer och till viss del sådant hon säger spontant framkommer att praktiska ämnen är lättare att hantera än de teoretiska. Sara berättar att hon har godkända betyg i bild, idrott och slöjd

73

men oroar sig för de andra ämnena som man ju också får betyg i och där hon inte är godkänd. "Hur ska jag kunna bli det?", säger hon. Hon är mån om att noga beskriva sina erfarenheter och tankar, hur hon upplever det och vad hon tycker att hon klarar av och uppvisar ett ansvar och allvar angående sin skolsituation och sina förutsättningar. Hon berättar att hon ibland vågar att tala om för människor att hon har svårt med språket men att det samtidigt är jobbigt att säga det eftersom hon inte vet om de förstår. Klasskamraterna känner henne väl så för dem behöver hon inte berätta. Sara säger att hon trivs i sin klass och hon tycker om dem som går där och tror att de tycker om henne, även om hon inte har så många nära vänner. Sara säger att hon för det mesta är nöjd med sig själv. Hon tycker att hon har bra idéer och tycker bättre om att skriva än att läsa. Det är jättejobbigt med läsningen, berättar hon. "Det är så pinsamt att jag måste ljuda en del ord innan jag kan säga vad det blir. En del ord har jag lärt mig utantill så jag vet vad där står när jag ser ordet", berättar hon vidare. Sara säger att hon ibland har svårt att hitta orden hon vill använda både när hon ska säga saker och när hon ska skriva berättelser men att det ändå är bättre och lättare med skrivning. När hon ska göra något viktigt som exempelvis eftermiddagens efterprov så kan hon få lite ont i magen. Då blir det extra svårt att sitta stilla och koncentrera sig. Dagen flyter på och vi skiljs åt så småningom. "Det var kul att du var här", säger Sara. "Det var nervöst först men det var kul".

Pedagogernas beskrivning av skolsituationen. Stödjande åtgärder.

Efter skoldagens slut följer ett samtal där undertecknad, de pedagoger som arbetar i klassen, ansvarig specialpedagog samt rektor medverkar. Undertecknad bidrar med sina tankar och reflektioner under samtalets gång. Ansvariga pedagoger, rektor samt specialpedagog ger följande beskrivning av skolsituationen.

Pedagogerna uppfattar det som att Sara förstår språkliga saker bättre än vad hon kan uttrycka sig. Hon vill mycket och är målmedveten. De berättar att Sara i det stora hela har en långsam arbetstakt och att hon är noggrann. Pedagogerna märker att Saras arbetsminne inte riktigt räcker till när hon ska komma ihåg det som presenteras muntligt. De är osäkra på om det är så att hon inte får tillräckligt med tid att tänka efter eller om det enbart är svårigheter med minnet eller både och. De uppfattar det som att hon förstår i stunden, men sen glömmer hon och då kan hon inte presentera sin kunskap. Därför försöker de tänka på att låta Sara svara på frågan direkt när hon räcker upp handen, så att hon inte hinner glömma vad hon tänkt svara. Lite självkritiskt säger några av dem att de inte alltid ger henne den chansen som de borde. Ibland ser de att Sara kopplar från och att hon blir väldigt trött. När Sara får individuella instruktioner fungerar det betydligt bättre i de flesta ämnen tycker pedagogerna. Om Sara ändå inte riktigt uppfattat vad hon ska göra ser de att hon iakttar hur de andra gör och även frågar. Positivt är att hon inte är rädd för att räcka upp handen och komma med idéer. Pedagogerna upplever att Sara nog kan i många fall, men har svårt att starta och komma igång med aktiviteten. Hon behöver ofta någon annan som ger en liten "startknuff". De behöver vara lite av Saras "motor". Sara visar bäst sin förståelse genom att göra. Hon använder gester eller ritar. Pedagogerna funderar över Saras logiska förmåga. Här vet de inte hur de ska tänka. De säger att de märkt att hon ibland kunnat lösa mer komplexa uppgifter som kräver logiskt tänkande, när hon haft stöd av bilder eller på annat sätt fått uppgiften synliggjord. Kan det verkligen vara språket - orden som ställer till det så mycket? Eller är det så att hon inte går i rätt skolform?

Det sociala samspelet fungerar bra tycker pedagogerna samtidigt som Sara på grund av sina språkliga svårigheter inte alltid hittar sin plats i kamratgänget. Det har blivit tydligare ju äldre Sara blivit att hon inte riktigt hänger med i det snabba småpratet som hör till lite äldre elevers sätt att vara. Lärarna upplever inte att Sara på något sätt är retad eller mobbad men att de kan se att hon ibland blir ledsen och drar sig undan.

Vi samtalar en stund om de olika ämnena och pedagogerna säger att hon inte når målen för godkända betyg i så många ämnen, precis som Sara själv berättat. De funderar över betyg, bedömning och tillämpning av undantagsbestämmelser.

Sara behöver läshjälp i uppgifter eftersom läsningen är så långsam och mödosam. En av pedagogerna berättar att när man är två pedagoger i klassen brukar en av dem ge den

76

hjälpen. Pedagogen och Sara läser en rad i taget, förklarar begrepp, ritar vad man fått veta och funderar. Det blir ett stöd både för minnet och hjälp att tänka. Pedagogerna visar en text som Sara skrivit. Hon har skrivit den på sin Ipad och använt ordförslag och rättstavningsprogram. Man har talat och läst om John Bauer och de varelser som finns i hans bildvärld. Sara har skrivit om en älva på äventyr. Texten är relativt kort men jag förvånas över att den är både varierad och har en kreativ handling som fångar intresset. Hon har använt sig av den dramaturgi som man lärt sig. Det finns en början, ett problem uppstår, det löses och det finns ett avslut samt "en röd tråd" att följa genom berättelsen. Pedagogerna berättar att Sara ibland ber om hjälp att få fram ordet som hon inte riktigt hittar men ändå vet att hon vill skriva. Ibland behövs det bara att man säger några ljud i början av ordet så kommer hon på det, säger en av pedagogerna.

I matten behöver Sara hjälp av laborativt material för att komma fram till ett svar. Hon har inte fungerande strategier utan material som synliggör och hon arbetar på en nivå som ligger betydligt under årskursen. Engelska är ett svårt ämne för Sara. Att lyssna på engelska texter, komma ihåg och översätta i huvudet är oöverstigligt svårt. Däremot har Sara ett fint uttal och kan säga efter enskilda glosor utan problem. Man har funderat över om man ska låta Sara slippa engelska som ämne. En av pedagogerna berättar att hen blivit förvånad över hur bra Sara kunde redogöra för ett experiment som man gjort i NO. Pedagogen lät Sara förbereda och spela in redogörelsen hemma. Hon kunde då förklara hur experimentet gick till, vad som hände och varför. Berodde det lyckade resultatet på att Sara fick förbereda sig och spela in i det trygga sammanhanget hemma? Kanske skulle man låta Sara göra så vid fler tillfällen än vad som är fallet just nu, funderar pedagogen vidare. Pedagogen säger att Saras föräldrar tagit upp det vid samtal med skolan som ett önskemål.

Ansvarig specialpedagog och rektor redogör för skolans övriga stödjande åtgärder. Pedagogerna som träffar Sara samarbetar tätt med varandra och med specialpedagogen. Specialpedagogens uppgift är att observera och kartlägga samt ge pedagogerna handledning och stöd i arbetet. Pedagogerna har bestämda träffar varje vecka kring planering och genomförande av undervisning. De försöker hitta en lagom nivå för Saras arbete och anpassa uppgifterna så bra som möjligt. Tanken är att respektive pedagog ska skräddarsy en planering för Sara. Det har inte alltid varit helt enkelt, inflikar en av pedagogerna. Det är ett dilemma att få till en planering som blir en naturlig del av arbetet i klassen/gruppen. Det är betydligt lättare att hitta passande uppgifter till det individuella arbetet tillsammans med den extra pedagogen. Man försöker ge Sara möjlighet att ofta arbeta i mindre gruppkonstellationer, alternativt arbeta enskilt, då man bedömer att det gynnar hennes lärande. Rektor och specialpedagog berättar att samarbetet med föräldrarna är gott men att de samtidigt ofta visar oro runt skolsituationen. De önskar mer anpassningar än vad som är fallet och tycker att skolan inte riktigt förstår vilken kapacitet Sara har om hon får rätt förutsättningar. De är också oroliga för hur Saras fortsatta skolgång blir med så många icke-godkända betyg.

Sammanfattningsvis finns mycket att fundera över och ta ställning till. Språket med dess utmaningar för Sara är huvudfokus. Frågeställningar som utkristalliserar sig är:

- Vilka ytterligare anpassningar behöver göras?
- Vad kan vi pröva utöver det som redan görs?
- Vad är en lagom kravnivå?

Överenskommelsen blir att pedagogerna försöker se mönster i situationer och uppgifter där Sara presterar sitt bästa. De skriver också ner kontinuerligt det som de uppfattar som underlättande och hindrande faktorer. Att ha en anteckningsbok liggande framme så att man direkt kan teckna ner är en fördel. Annars är det lätt att glömma och missa detaljer som ändå kan vara av stort värde. Sara får vara delaktig i detta på så sätt att hon får tala om hur hon upplever de uppgifter hon får och hur hon tycker att hon presterar. Pedagogerna tänker att man skulle kunna använda sig av en skattningsskala om det visar sig att Sara vid något tillfälle har svårt att beskriva med ord.

Min roll som extern rådgivare blir att skicka en sammanfattning utifrån vårt samtal där tankar, reflektioner och råd bifogas som stöd i handledningsprocessen. Detta skickas via mail omgående. Samtliga berörda tar del av underlaget. Specialpedagog och rektor bokar träff där pedagoger tillsammans med specialpedagog går igenom underlaget och införlivar det som de anser gynna Saras lärande och situation i det pedagogiska arbetet. Därmed avslutas vårt samtal och möte. Vi bestämmer att undertecknad kontaktar rektor för avstämning om ca en månad.

Sammanfattning. Tankar, reflektioner och råd som bidrag i handledningsprocessen

Inledningsvis bör sägas att pedagoger och skola känner Sara väl både på det personliga planet och i förhållande till hennes lärande. I vårt samtal framkommer många kloka tankar och funderingar. Skolan har hittat fungerande arbetssätt som kan vidareutvecklas och som bör fortsättas med. Pedagogerna känner trots det en osäkerhet och önskar att nå ännu längre. En del av det som tas upp finns redan med i skolans arbete och en del kan förhoppningsvis inspirera och komplettera i det fortsatta arbetet.

Ett språkligt förhållningssätt

Saras lärande gynnas av att man anpassar mängden information som ges vid instruktioner och genomgångar. Allt för många ord och långa meningar kan ställa till det. Att få höra och göra i korta sjok underlättar lärandet. Sara upplever också att hon inte riktigt hinner med under genomgångar eller när hon ska fota något från tavlan. Hon önskar att pedagogerna skulle uppmärksamma henne lite mer och fråga om hon hunnit med. Det är också viktigt att tänka på att ha ett taltempo som gör att det skapas mellanrum mellan orden så att Sara får tid att uppfatta och bearbeta, att man talar tydligt och talar en i taget, gör små pauser samt riktar uppmärksamheten på den som talar. Det är lätt att vara för snabb med att hjälpa till med ett svar. Om man avbryter under tiden som eleven processar det den ska säga får den börja om igen och risken är då att det som skulle sägas uteblir. Eller att man får till svar "jag vet inte eller jag glömde." Detta faktum går att känna igen i både Saras och pedagogernas beskrivning. Det är viktigt att bekräfta att man förstår vad Sara vill säga men också att tala om när man inte förstår och ge stöd i att ta fram det som skulle meddelas så att det inte blir en "misslyckandesituation". Som både Sara och pedagogerna påpekat är visuellt stöd ett viktigt komplement som exempelvis konkreta föremål, foton, bilder, tankekartor, filmer, gester och dramatiseringar. Det visuella hjälper till att skapa inre bilder av ord och det som förmedlas och som sedan ska uppfattas och förstås. Elever med språkliga utmaningar och svårigheter behöver skapa inre bilder av ord för att de ska laddas med en betydelse och lagras i minnet. Man behöver således ha en sådan förståelse av ord att man får en bild i huvudet när man hör saker sägas och på så sätt förstår budskapet i det. Att ta alla sinnen till hjälp är en bra minnesregel.

Arbetsminne, ordmobilisering

Det är märkbart att Sara ibland har svårt att hitta orden när uppgifter ska redogöras för eller när hon ska berätta något. Dessa ordmobiliseringssvårigheter gör att hon ofta har ordet "på tungan" men får inte fram det tillräckligt snabbt innan någon annan tar ordet. Dynamiken i systemet är mindre effektiv vid språkliga svårigheter av den här typen. Även vad gäller detta finns en medvetenhet om svårigheten både hos Sara och hos pedagogerna. Sara säger att det är till hjälp om hon får förslag på passande ord och mer tid att uttrycka det hon vill ha sagt.

Det är vanligt att barn och elever med språkliga utmaningar och svårigheter undviker det som upplevs som problematiskt genom att tystna och värjer sig från att uttala ord och meningar som de misslyckats med tidigare. Det blir då sämre förutsättningar för att utveckla uttrycksförmågan eftersom man inte övar att använda språket i den omfattning som skulle behövas. Tidspress och stress är försvårande omständigheter som inte ska underskattas.

En bra sak för att ge stöd är att få repetera ord många gånger och öva i att kategorisera så det blir ordning i inre lexikon. Då underlättas framhämtande av ord och meningar som ska sägas eller formuleras i skrift. I samtal och genomgångar är det också viktigt att stanna upp, förklara ord och begrepp samt konkretisera dem genom att visualisera på olika sätt. Det är också viktigt att inte presentera alla uppgifter på en gång utan att ta en i taget.

Förförståelse

Att ge förförståelse - förbereda för saker som ska läras eller hända ger tid att bearbeta och ta bort stress inför oväntade händelser och utmaningar. Då blir det också lättare att koncentrera sig och minnas. Det blir också ett extra repetitionstillfälle och man får möjlighet att i förväg ta reda på vad exempelvis ord betyder eller hur saker fungerar innan de händer.

Läsning

Språkljud som orden består av passerar först genom örat. Efter att språkljuden passerat örat följer hjärnans bearbetning och tolkning av språkljuden - orden så att det som sägs kan förstås. Detta är en komplicerad process. Örat hör skillnaden mellan ljuden i orden endast mycket kortvarigt. Dessutom färgar språkljuden av sig på varandra i den ljudström som ett ord är. Det låter inte exakt likadant tillsammans med andra ljud som det gör när man säger det ensamt.

Vid fonologiska svårigheter går tolkningen och kodningen av kortvariga hörselintryck, till att bli en mer bestående representation dvs ett tydligt ord som stannar kvar i minnet mycket långsammare än vad den gör hos andra individer. Informationen hinner således försvinna innan kodningen slutförts. Otydliga representationer av ord påverkar hur ordförrådet utvecklas men också hur snabbt och effektivt man hittar ordet i sitt inre lexikon när man ska berätta något.

Svårigheter på denna nivå gör att man lätt blandar ihop ljud och det kan vara svårt att koppla ljud till rätt bokstav. Således har det en koppling till hur man senare lär sig att avkoda – läsa.

Sara behöver strukturerad färdighetsträning i läsning i form intensivläsning, i korta träningspass, helst dagligen. Hon behöver träna att upptäcka mönster i hur ord byggs upp och ta sig an orden i delar istället för i språkljud. Det ger förutsättningar för att lättare uppnå en automatiserad avkodning och läsflyt.

När det gäller ordbygge behöver hon bli medveten om stavelser, sammansättningar, förstavelser och ändelser i texter. Läsning får inte bara bli en teknisk fråga som handlar om att uppnå en automatiserad läsning. Att få ta del av litteraturens spännande världar och gå in i dem är minst lika viktigt. Här behöver pedagogerna samtala med Sara om hur det ska ske för att hon ska kunna få ut så mycket som möjligt av det hon hör. Utifrån det Sara själv berättar och det pedagogerna uppfattar behöver hon lyssna korta stunder i taget och en vuxen att samtala och resonera med om innehållet efter lyssnandet. Eftersom avkodningssvårigheter och läsflyt påverkar läsförståelsen i så hög grad och därmed också inlärningen, behöver en kompenserande läsning genomsyra lärandet i det stora hela.

Skrivning

Sara behöver stöd i behålla sin skrivglädje och att pedagogerna lyfter fram det starka i hennes texter samt hjälper henne att utveckla dessa. Det är viktigt att fånga upp Saras egna tankar och erfarenheter i samtal om vilket stöd hon behöver i skrivandet. Hon nämner exempelvis att ordförslag och rättstavningsprogram är till hjälp för henne.

Att få lyssna till inlästa berättelser och resonera och samtala runt dem har också tagits upp som en viktig sak. Det i sin tur kan ge modeller för hennes fortsatta skrivande.

Lärmiljö

Ju mindre energi Sara behöver lägga på att försöka tolka och bearbeta det hon hör, desto mer kan hon ägna sig åt att förstå innehållet både i lyssnande och läsande. Därför är det av stor vikt att vi skapar en så god ljudmiljö som möjligt i skolan. För tillfället finns inte tillgång till röstförstärkning eller ljudutjämningssystem. Skulle det kunna vara hjälpsamt? Sara använder hörlurar då hon känner att hon behöver skärma av ljud runt sig i det enskilda arbetet. Det fungerar bra för det mesta.

Vad gäller klassrumssituationen kan man tänka på att ta bort störande faktorer som kan motverka att eleven kan rikta sin fulla uppmärksamhet på uppgiften. Frågor att ställa sig är om ljudmiljön är utformad så att det som undervisas och samtalas om är lätt att uppfatta. Kan vi exempelvis sätta tassar under stolar, välja material till möbler och bänkar som slamrar så lite som möjligt, använda textilier som dämpar, se till så att det inte rör sig och låter alltför mycket utanför rummet? Går det att sovra bland intryck som finns mitt framför ögonen? Är pedagoger och personal medvetna om om i vilken mån grupperingar och placering av eleverna i klassrummet påverkar? Går det att ändra och förbättra? Det har visat sig gynnsamt att Sara ibland får arbeta enskilt och i

85

mindre grupp, finns det en flexibilitet i planeringen som matchar behovet?

Rytm i undervisningen, prioriteringar, ökad självständighet
Pedagogerna beskriver att de märker att Sara kopplar från emellanåt och att hon blir väldigt trött. Det kan ha olika förklaringar. Uppgifter som både utmanar språkligt och belastar arbetsminnet är förmodligen "energislukare". Dagsform och tid på dagen påverkar. Frågor som man som pedagog kan ställa sig är till exempel: När är Sara som mest alert på dagen? Vad tar energi och vad ger energi? Rörelsepauser är enligt Sara en bra sak för att orka och kunna koncentrera sig en stund till. Erbjuds hon sådana exempelvis i form av att hämta saker eller andra mindre uppdrag? Pedagogerna behöver samtala om och bestämma vad som bäst tränas individuellt respektive inom klassens ram? Utöver det är det är viktigt med en bra rytm och variation i undervisningen samt att pedagogerna prioriterar bland det stoff som ska läras. Det gäller att fundera ut och bestämma vad som är viktigast att prioritera för att gynna Saras lärande optimalt.

Sara beskriver att hon är osäker på klocka och tid, vilket kan betyda att hon har svårt att bedöma tidsåtgång i det stora hela. Det kan i sin tur vara stressande. Om tidsuppfattningen sviktar kan tidshjälpmedel i till exempel mobilen vara ett bra stöd. Struktur, ordning och ramar för det som ska göras är ett annat gott stöd för att minnas bättre och för att känna trygghet i det som ska hända och utföras.

Sara behöver få veta vad som ska göras, hur, i vilken ordning, hur länge och i vilken ordningsföljd. Det kan exempelvis ske genom användning av tankekartor, arbetsordningar, anteckningar och påminnelser om vad som ska hända i mobilen. Enskilda uppgifter och aktiviteter kan behöva brytas ner i steg eller punktvis och eventuellt åskådliggöras visuellt. Då kan Sara samtidigt pricka av och uppleva att hon kan föra sig framåt i arbetet på egen hand.

Tematiskt arbetssätt

Att arbeta med tema i undervisningen skapar sammanhang och mening och underlättar att minnas. Det blir också en form av kategorisering och tillfälle till begreppsbildning eftersom man håller sig inom samma ämne. Saras lärande gynnas således av att lära in ord och information som "hör ihop

Läromedel

Vid val av läromedel kan man tänka på att det är gynnsamt om det finns bilder som illustrerar och förmedlar de kunskaper som ska läras. Det skapar intresse och ger möjlighet till förförståelse. Det bör vara utformat så att ordförrådet byggs ut med nya begrepp. Även här är det viktigt att visualisera begreppen så långt det går.

Strukturen i läromedlet bör vara tydlig och förutsägbar. Mängden information på varje uppslag bör vara begränsad och lätt överskådlig. Färger kan användas för att förstärka viktiga avsnitt. Att använda optisk radvisare som läggs över texten kan vara ett sätt. En text med tillbakablickar till tidigare avsnitt kan underlätta för eleven att repetera, komma ihåg och bättre förstå sammanhanget. Således blir det av stor vikt att granska de läromedel som används samt ta ställning till hur de fungerar för Sara samt vilka förändringar och kompletteringar som eventuellt kan göras.

Gruppen av elever i skolans värld med språkliga utmaningar och svårigheter är mångfacetterad. Det finns ett stort utbud lärverktyg av olika slag. Valet måste då grunda sig på vad som passar just den aktuella individens behov och att man också sovrar och prioriterar bland det som ska läras.

Bedömning

Pedagogerna funderar och känner osäkerhet när det gäller bedömning, betygssättning samt eventuell tillämpning av undantagsbestämmelser. Om man hittar än mer fungerande arbetssätt för Saras lärande hur ska hon sedan visa sin kunskap? Att bygga vidare på det som lyfts i samtalet när det gäller experimentet i NO skulle kunna vara en framkomlig väg. Vad tänker pedagogerna om det? Går det att vidareutveckla och hitta fler liknande sätt? Här bör man diskutera och bli enig om vad som är tillräckligt för att Sara ska anses klara kunskapskraven. Det ämnesövergripande samarbetet är här en styrka. Skolverkets skrivningar vad gäller kunskapskrav och undantagsbestämmelser bör finnas med i den diskussionen.

Avslutningsvis

Varje elev är unik. Elever med språkliga utmaningar och svårigheter är en mångfacetterad grupp. Svårigheterna kan befinna sig på en eller flera nivåer av den språkliga förmågan och kan se mycket olika ut. Därför är en noggrann kartläggning och analys av styrkor och svagheter nödvändig. Den kan då ge underlag för undervisningens planering och vilka anpassningar som behöver göras för att kompensera och ge förutsättningar för ett optimalt lärande.

Det är viktigt att:

• Lyfta fram det som fungerar samt utgå och sätta fokus på det.

• Fundera över vad som är rimliga krav samt utmana lagom.

• Vara öppen och lyssna in. Ta tid för det och även ge tid för Sara att komma fram till det hon vill säga.

• Skapa en lärmiljö där förutsättningar skapas för att Sara ska kunna ta egna initiativ och öka sin självständighet.

• God samverkan med elev och närstående är A och O. Elev och närståendes tankar och åsikter är ett viktigt komplement till att få en helhetsbild av vad som kan vara hjälpsamt för att skapa så bra förutsättningar som möjligt för utveckling och lärande.

Handledningsprocessens fortskridande och avslut

Som bestämt kontaktades rektor för avstämning efter att det gått en månad. Saras mentor och specialpedagog fanns också med i samtalet. Hur såg då nuläget ut? "Vi tar små steg framåt men det går ändå framåt", svarar mentor. Skolan har använt sig av tipset att ha en anteckningsbok liggande framme för att direkt kunna teckna ner situationer och uppgifter där Sara presterar sitt bästa samt det som man uppfattar som arbetssätt som gör att Sara lyckas eller som är hinder för henne. "Vi har inte hunnit så långt med det ännu", säger mentor och specialpedagog. "Allt tar ju sin tid att förankra och införliva i ett arbetslag där ett flertal ingår men vi kommer att fortsätta med det eftersom vi redan ser och upptäcker mönster och det ger ju oss ledtrådar förstås". Deras eget förslag vad gäller skattningsskala används också och det har visat sig vara ett bra sätt om Sara själv får vara med och bestämma när den är relevant att använda. När det gäller att ordna tillgång till ljudutjämningssystem och röstförstärkning är skolan mer tveksam. Mycket händer på den tekniska fronten och skolan behöver uppdatera sig innan beslut fattas. I dagsläget använder sig Sara av hörlurar när hon känner att hon behöver få lugn och ro i arbetet och det fungerar relativt bra tycker pedagogerna. "Här behöver vi fortsätta diskutera", säger rektor. "Vi har tagit upp det vid våra planeringssamtal. Det handlar ju även om ekonomi. Det som just nu är mest aktuellt är att inventera läromedel och lärverktyg som vi på sikt skulle kunna skaffa och byta till. Dels sådana som passar Sara ännu bättre i individuellt arbete men även sådant som skulle kunna vara bra för alla." "Det bidrar ju till att Sara inte behöver känna sig utanför och exkluderad", tillägger specialpedagogen. Specialpedagog och mentor säger frågeställningarna som utkristalliserade sig i samtalet där undertecknad deltog används när pedagogerna träffas i sina planeringssamtal. Vilka ytterligare anpassningar behöver göras? Vad kan vi pröva utöver det som redan görs? Vad är en lagom kravnivå? Dessa frågeställningar behöver vara med i diskussionen hela tiden eftersom Saras lärande och prestationer varierar från ämne till ämne och från situation till situation. Som tidigare nämnts blir det allt mer tydligt att det är språket med dess utmaningar som påverkar Saras lärande. Rektor säger att skolan är tacksam för undertecknads skickade underlag. Det fungerar som en kunskapsbank att använda sig av både vad gäller Saras lärande men även vad gäller andra elever med språkliga utmaningar. Rektor berättar att man tagit kontakt med Skolverket för att kunna få råd och stöd vad gäller betyg, bedömning och undantagsbestämmelser. Man har beslutat att inte ta bort engelskämnet för Sara utan istället försöka anpassa och hitta sätt som kan passa henne. Det har man beslutat i samråd med vårdnadshavare. En stor utmaning men vi ska försöka. Fortfarande finns funderingar runt om det språkliga kontra skolform. Undertecknad nämner att skolan har möjlighet att be om stöd från Specialpedagogiska skolmyndigheten för vidare utredning. Härmed avslutas samtalet. Ännu ett ärende är fullgjort och jag lägger det till många andra i minnesbanken och hoppas att både skolan och Sara ska lyckas med sina goda intentioner.

8. Hur berättelser har påverkat min förståelse och mitt lärande i specialpedagogiska frågeställningar med fokus på språk och kommunikation

Under mina år som pedagog har det för det mesta varit elever som bidragit till att jag känt behov av att reda ut de frågor som uppstått i skolsituationen och i många fall fortbilda mig runt dessa frågeställningar. Min tid som lågstadielärare tillbringade jag på en skola med en stor andel flerspråkiga elever och ett stort antal elever med stora utmaningar socialt sett. Jag brukar tänka att den tiden i sig var en utbildning i specialpedagogik innan jag ens börjat själva utbildningen. Följande får illustrera ett sådant exempel. Det följde mig in i specialpedagogutbildningen tillsammans med många andra. Det var också en av de första berättelserna runt en elev.

Några år in på 2000-talet kom en elev till min arbetsplats. Han placerades i år 2 där jag var ansvarig specialpedagog. Jag kallar honom M. M har och hade invandrarbakgrund men föddes i Sverige. I hemmet talades huvudsakligen modersmålet och svenska i begränsad omfattning. Båda föräldrar hade haft svårigheter att lära sig svenska. De första åren av skolgången gick M i annan kommun. Flytten tillbaka till vår kommun berodde på pappans arbete.

När M skulle börja på vår skola, informerades vi om hans tidigare skolgång. På grund av språkliga svårigheter och ett svårbemästrat beteende hade en assistentresurs kopplats till den grupp där han befann sig. Vid kontakt med klassföreståndare och den som var ansvarig specialpedagog informerades vi om den aktuella situationen. Den beskrevs som turbulent och att det hade varit svårt att hitta framkomliga vägar i lärandet trots mycket stöd samt att vissa verktyg givits via en psykologutredning. I den hade det varit svårt att få M att medverka fullt ut. Mycket stöd skulle behövas även fortsättningsvis.

Sammanfattningsvis kan sägas att den första tiden var minst sagt turbulent. M kunde inte läsa. Han hade stora koncentrationssvårigheter och ständiga humörsutbrott. Talet var otydligt. Att ljuda ihop till ord fungerade med enbart två högst tre ljud trots idog träning. Vi hade mycket svårt att greppa hur mycket han uppfattade och förstod av det som meddelades i skolan. M fick en helt individuell studiegång. Han lärde sig så småningom att läsa utifrån en helordsmetod, kopplad till bilder. Bilder var något som vi märkte att M hade nytta av när han skulle förstå och komma ihåg saker. Vi funderade ofta över vilka kognitiva förutsättningar M hade.

Vi "slet alltså vårt hår" och visste inte riktigt hur vi skulle ta oss fram. Eftersom jag hade gått utbildningar vid Malmö Högskola visste jag att Språkens hus fanns med mycket kunskap om språkliga svårigheter samt att Malmö Högskola också hade kurser som skulle kunna passa det jag och vi funderade över. Jag hörde av mig till Malmö Högskola, beskrev läget samt undrade om det fanns något som kunde matcha så att vi kunde skaffa oss mer kunskap. Rådet blev utbildning runt språkstörning och grav språkstörning vilket var en lyckträff och till stor hjälp i det fortsatta arbetet runt

93

M och andra elever. Tilläggas bör att logopedutredningen som så småningom gjordes visade att M hade en generell språkstörning/DLD. Följande är en av berättelserna runt M och ett exempel av många på vad den typen av språkliga svårigheter kan ställa till för någon som lever med den utmaningen.

M är på väg in från rast. Han har fotbollen under armen. Den är nyinköpt och hans egen. Det lag han spelat i har förlorat och humöret är inte på topp. Inne i byggnaden tar hans dåliga humör överhanden. Han tar bollen och sparkar till den. Bollen träffar en av hans skolkamrater i ryggen och studsar vidare mot vaktmästarens dörr. Klasskamraten vänder sig om och skriker "djävla idiot" och vaktmästaren öppnar dörren och undrar vad som pågår. M svarar inte utan tar bollen och går uppför trappan mot sitt klassrum. Vaktmästaren anser att måttet är rågat och följer efter, ropar att M ska stanna och förklara sig men ingen reaktion. Då går vaktmästaren ifatt M, tar tag i honom och frågar:

- *Vad håller du på med?*

M svarar inte.

Vaktmästaren säger:

- *Du vet väl att det är förbjudet att sparka boll inomhus. Nu får du ge mig bollen. Du kan hämta den när du går hem i eftermiddag.*

M svarar fortfarande inte. Då tar vaktmästaren bollen ur händerna på M och går mot sitt rum. M:s ordlösa ilska har växt. Han följer efter vaktmästaren in på hans rum och säger:

- Ge mig bollen. Annars ska jag döda dig, din djävel.

Vaktmästaren behåller bollen, föser ut M ur rummet och låser dörren om sig. M måttar en spark mot dörren och ger sig iväg från skolan.

Någon halvtimma senare hittar vi honom en bra bit från skolan. Då är han i sådant skick att det är omöjligt att kommunicera med honom. Vi får handgripligen ta hand om honom så han kommer hem. Det tar fram till sen eftermiddag innan M lugnat sig helt och vi har rett i och förstått att allt bottnade i ett missförstånd på fotbollsplanen under rasten.

Varifrån kom den starka reaktionen och vad berodde den på? Den här händelsen blev utgångspunkt för ytterligare funderingar runt hur vi som vuxna hade hanterat situationen och vad vi skulle kunna göra för att stödja M fortsättningsvis. Inga enkla diskussioner men lärorika och nödvändiga.

Så går åren och det blir ett oräkneligt antal av möten med barn och elever i komplicerade inlärnings- och skolsituationer. Ju mer åren går inser jag värdet av att forma mina iakttagelser till just berättelser. Jag upptäcker när jag sitter med mina nerklottrade lappar från mina verksamhetsbesök och skriver ner det jag sett att det samtidigt pågår en bearbetning och processande i mitt huvud och medvetande. När det hela är klart kan jag i läsandet av det som skrivits se och upptäcka saker som tillsammans med kartläggningar och utredningar ger ledtrådar och bildar mönster.

Nu är cirkeln sluten och jag är tillbaka vid frågeställningen: Hur har berättelserna påverkat min förståelse och lärande när det gäller specialpedagogik och specialpedagogiska frågeställningar med fokus på språk och kommunikation? Det är en omöjlighet att fånga hela bilden av det som erfarits och lärts och inte lärts under ett yrkesliv. Det går endast att göra ett axplock och då med förhoppningen att några väsentligheter speglas som kan bidra till insikter och lärdomar. Det som följer får utgöra ett axplock utifrån mitt yrkesliv och det som framkommit i berättelserna som exemplifierats under namnen Love, Mariam och Sara.

Ett citat av Sören Kirkegaard får inleda och utgöra det som jag försökt ha med mig i mina möten med barn, elever pedagoger och personal i förskola och skola och som för mig är utgångspunkten i allt lärande och relationsskapande. Så svårt men så viktigt.

Om jag vill lyckas med att föra en människa mot ett bestämt mål, måste jag först finna henne där hon är och börja just där. Den som inte kan det. lurar sig själv när hon tror att hon kan hjälpa andra. För att hjälpa någon. måste jag visserligen förstå mer än vad han gör, men först och främst förstå det han förstår. (Sören Kirkegaard)

Pedagoger och personal i förskola och skola behöver således ha kunskap om barns utveckling och en vilja att försöka förstå vad barnet/eleven förmedlar samt en vilja att iaktta och reflektera över det man ser. De tre frågeställningar som pedagogerna formulerar i början av handledningsprocessen i berättelsen om Love "Vad är det Love försöker förmedla till oss som vi ännu inte förstår? Vilka behov försöker han tillgodose? Hur förstår vi varför han gör som han gör?", pekar på vikten av att förstå att det som vi direkt ser kanske bara är toppen av isberget som Ellneby & Hilgers (2006) talar om. Under den synliga hörbara delen försiggår en kommunikation under ytan och det är den som behöver undersökas, iakttas, dokumenteras, analyseras, reflekteras och samtalas kring. Utifrån barns och elevers åldrar, om det är exempelvis en Love, Mariam eller Sara det gäller kan frågeställningarna behöva modifieras men grundtanken är densamma.

Finns några gemensamma nycklar för lärsituationer oavsett om det gäller förskolebarn eller skolelever?

Berättelserna om Mariam, Love och Sara får representera en mångfald av barn och elever. De pekar på vikten av:

• Struktur och tydlighet i vilka regler som gäller och hur aktiviteter ska gå till. Bildschema för att få en synlig struktur för dagens aktiviteter och individuella bildschema för enskilda händelser kan vara hjälpsamt.

• Att stödja tidsuppfattning. Mobil att använda för tidsinställning och påminnelser är ett exempel.

• Förutsägbarhet, att få en förförståelse för det som ska läras eller utföras – att få "öva innan" är till god hjälp. Professorn i medicinsk sociologi Anton Antonovskys myntade begrepp "KASAM - Känsla av Sammanhang och

Mening" är i samklang med detta. Situationer präglas av begriplighet – vi kan förstå vad som händer, hanterbarhet – vi kan göra något åt det och meningsfullhet – vi kan känna ett engagemang och motivation att göra det. Ett tematiskt arbetssätt skapar förutsättningar för att kunna se sammanhang och helhet.

• Att skapa lugn i samvaron barn/elever och vuxna emellan samt en bra rytm i undervisning och verksamhet med lämplig mix av rörelse och stillasittande.

• Att minimera trängda situationer, bryta innan det händer och avleda ibland.

• Att se över ljudmiljö och "intrycksmiljön".

• Att tänka efter hur barn och elever grupperas. Finns det en flexibilitet i det så att ändringar görs när andra behov uppstår än de som råder just nu?

• Att tala om hur man ska göra och inte hur man inte ska göra.

• Att ge vuxenstöd i socialt samspel. Små barn kan behöva en vuxen som leker med och sätter ord på det som sker medan skoleleven kan behöva lära strategier för hur man kan hantera sociala situationer exempelvis genom sociala berättelser eller seriesamtal.

• Att tänka efter vad kan man kräva utifrån ålder och mognad.

• Att bygga på motiverande aktiviteter och barnens och elevernas egna intressen och styrkor.

• Att tänka att barnet eller eleven vill förstå och lyckas och då "lura ut" hur de förstår och hur de ska kunna lyckas.

• Att ge pedagoger och övrig personal möjlighet till kompetensutveckling utifrån de behov som finns.

• Att insatser inte "stannar kvar i pärmen" utan avgränsas, konkretiseras, prövas och utvärderas.

• Att avgränsa och prioritera det som ska läras och det som insatser ska riktas till både i förskolans verksamhet och i skolans.

• Att fundera över vilka läromedel och lärverktyg som gynnar de som har de största behoven men som samtidigt är "bra för alla".

• Att iaktta, dokumentera, analysera, reflektera, samtala. Genom det kan en ökad förståelse och kunskap ge verktyg, så att verksamheten får förutsättningar att möta olikheter inom verksamhetens ram.

I denna bok finns en avgränsning med fokus på språk och kommunikation. Som tidigare sagts har jag under åren fått handleda personal i förskola och skola i en mängd frågeställningar men genomgående är dock att språk och kommunikation färgar av sig i alla ämnen och relationer och då per automatik i allt lärande.

Vad bör man tänka på inom den avgränsningen språk och kommunikation?

• Att det är viktigt när det gäller de yngre barnen att sätta ord på saker och företeelser för att skapa begrepp. Det behöver göras direkt knutet till den konkreta situationen.

Det blir på så sätt ett mycket konkret "språkbad" i alla situationer.

• Att tillämpa ett språkutvecklande arbetssätt, dvs. att bygga kunskap på området, formulera tillsammans, bena upp, förklara, samtala och skriva. Språkliga modeller skapas på så sätt. Ett exempel kan vara att man för de små barnen skriver till det de ritar och berättar medan de större barnen/eleverna gör det på egen hand eller får stöd att göra det. En undervisning där man fokuserar på språkets roll i förskolans alla aktiviteter och i skolans alla ämnen är gynnsam för alla barn och elever och inte minst för de som är flerspråkiga. SVA och studiehandledning kompletterar. När det gäller flerspråkiga elever är det viktigt att pedagoger och personal rustas med kulturkompetens samt kompetens runt flerspråkig utveckling.

• Att instruktioner behöver ges i mindre bitar. Barnet/eleven måste få tid att höra, tolka, göra, innan nästa uppmaning kommer. Taltempo, tydlighet och att det skapas mellanrum mellan orden samt att uppmärksamheten riktas på den som talar är andra viktiga saker att tänka på. Elever med språkliga utmaningar som Saras exempelvis behöver ibland få en form av "starthjälp" (prompting) när orden finns där men inte snabbt och smidigt hämtas fram. En sådan "starthjälp" är exempelvis att säga början på ett ord eller ge någon form av association till begreppet.

• Att vara medveten om värdet av att använda sig av kompletterande kommunikation exempelvis TAKK, bildstöd, gester och kroppsspråk och då inte bara till och för det barn eller den elev som har det största behovet utan som en integrerad del av verksamheten i stort. För en äldre elev som Sara handlar det om att visualisera undervisningen, bildsätta begrepp, använda foton, filmer od. som komplement till det som undervisas om. Det är också viktigt att själv få uttrycka sig med andra kommunikationssätt än enbart med orden som exempelvis teater, musik, och skapande av olika slag.

Slutligen

Frågan som ställdes av pedagogerna runt Mariam: "Vad vill vi med just den här aktiviteten för Mariams språkliga utveckling?" är en fråga som är tillämpbar för alla de elever som befinner sig i språkliga utmaningar.

Språklig tankemodell som stöd

Det raster eller språkliga tankemodell som jag burit med mig vid verksamhetsbesök vad gäller barn och elever med språkliga svårigheter och utmaningar har varit till stöd i mitt iakttagande. Språket är ju en sammanhängande enhet där samtliga förmågor hänger samman och ömsesidigt samspelar och påverkar varandra men jag har ändå upplevt att det för egen del varit bra att kunna fundera och reflektera utifrån språkliga nivåer såsom fonologisk, syntaktisk-morfologisk, semantisk, språkförståelsenivå och pragmatisk nivå.

• **På fonologisk nivå** hur språkljud uttalas bearbetas och tolkas. Ibland kallad för "toppen av isberget" därför att den fonologiska nivån ofta uppmärksammas först. Det lilla

101

barnet kanske är sent i sin talutveckling och svårförståeligt i förhållande till vad som kan förväntas för åldern. Även om det för de flesta ordnar sig lite längre fram så är det ändå en signal att vara uppmärksam på.

Språkljud som orden består av passerar först genom örat. Det är således viktigt att hörseln fungerar som den ska. Det är en kontroll som bör göras när man misstänker att språkutvecklingen är sen utöver det så kallat vanliga. Som tidigare nämnts passerar språkljuden örat och därefter följer hjärnans bearbetning och tolkning av språkljuden - orden så att det som sägs kan förstås, en komplicerad process. Örat hör skillnaden mellan ljuden i orden endast mycket kortvarigt och språkljuden färgar av sig på varandra i den ljudström som ett ord är. Det låter inte exakt likadant tillsammans med andra ljud som det gör när man säger det ensamt. Om man har den här typen av språkliga svårigheter går tolkningen och kodningen av kortvariga hörselintryck, till en mer bestående representation, ett tydligt ord som stannar kvar i minnet, mycket långsammare än vad den gör hos andra. Informationen hinner således försvinna innan kodningen slutförts. Otydliga representationer av ord påverkar hur ordförrådet utvecklas men också hur snabbt och effektivt man hittar ordet i sitt inre lexikon när man ska berätta något. Svårigheter på denna nivå gör att man lätt blandar ihop ljud och det kan vara svårt att koppla ljud till rätt bokstav. Således har det en koppling till hur man senare lär sig att avkoda – läsa. Övriga nivåer är mer kopplade till läsförståelse – även om allt hänger ihop.

- **På syntaktisk, morfologisk nivå** hur man förmår att konstruera och bygga meningar. Hur man böjer ord, använder ändelser osv., om man får med småord och förstår mer grammatiskt komplexa meningar.

- **På semantisk nivån** hur man lär in nya ord, hur man förstår ord, utvecklar sitt ordförråd, hur man mappar in (kategoriserar) ord i över och underordnade begrepp så det blir ordning i inre lexikon. En sådan god ordning skapar förutsättningar för att lättare hämta fram ord när man vill säga något. Den processen blir mer komplicerad om man har semantiska svårigheter. Dynamiken i systemet är då mindre effektiv. Det är svårt att lära och komma ihåg nya ord. Svårigheter på semantisk nivå påverkar också hur man minns och kan hämta fram information om händelser och återberätta med en händelseordning – "en röd tråd".

- **På språkförståelsenivå** hur man kan ta till sig det man hör och läser förståelsemässigt samt har förmåga att omsätta det till något som man kan berätta via ord eller annat uttryckssätt så att mottagaren förstår. Språkförståelse är också att kunna läsa mellan raderna och förstå dolda budskap. Språkförståelsen är beroende av att övriga nivåer fungerar adekvat. På fonologisk nivå att språkljuden tolkas på ett precist och effektivt sätt så de blir till ord. På syntaktisk nivå tillräcklig grammatisk kunskap för att tolka rätt och uttrycka det man vill säga så det blir rätt budskap till den som lyssnar. På semantisk nivå att man har ett tillräckligt ordförråd som det är ordning i så man lätt hittar orden man vill säga. Man behöver ha en förståelse av ord så att man "får

103

en bild i huvudet" när man hör saker sägas och förstår budskapet i det. Det är viktigt att ha i åtanke att man kan ha god språkförståelse även om man inte kan uttrycka sig förståeligt.

• **På pragmatisk nivå** hur man förmår använda språket i socialt samspel både vad gäller ord men även kroppsspråk. Det är på denna nivå som vi börjar vår utveckling när vi föds. Viljan att kommunicera är förutsättning för att kunna utveckla förmågan. När vi väl börjar prata och använda orden så handlar det om att kunna lyssna, falla in i samtalet på rätt ställe, behärska turtagning, kunna svara på frågor, hålla sig till ämnet, samt börja och avsluta samtal på ett passande sätt. Att med stigande ålder också kunna sätta sig in i hur andra människor känner och tänker (theory of mind), kunna anpassa sig i samtalandet och ha en känsla för vad den andre vet och behöver få veta. Vanligt är att man "överinformerar" eller "underinformerar" det vill säga inte helt förstår vad den andre vet eller behöver få veta. Har man pragmatiska svårigheter så berör de dessa områden men det är viktigt att komma ihåg att allt varierar beroende på situation och person.

För att klara skolans och samhällets krav på sikt behöver barn och elever i förskola och skola behärska och utrustas med språkliga förmågor som relaterar till ovanstående språkliga nivåer och kompetenser. Det innebär att kunna förstå innebörden av olika begrepp, sätta dem i samband med varandra samt använda dem i rätt sammanhang. Barn och elever behöver utveckla analysförmåga så att de kan jämföra likheter och skillnader, beskriva orsaker och konsekvenser samt lösa problem utifrån det. En annan viktig sak är att kunna se hur saker och ting hänger samman och titta på dem utifrån olika perspektiv. Till det kommer förmåga att kunna hantera information och veta hur den ska användas samt kritiskt granska och avgöra om källan är trovärdig. För att kunna redovisa sin kunskap behövs kommunikativ förmåga, att kunna formulera sig i samtal, diskutera, motivera, presentera och redovisa, redogöra och argumentera för sina åsikter. Eleverna ska också kunna planera, organisera och genomföra dessa arbeten med stor självständighet och noggrannhet. Sist men inte minst behövs metakognitiv förmåga för att kunna tolka, reflektera och värdera och pröva olika alternativ samt lösa problem utifrån en given situation och utifrån lämplig strategi. Som om inte detta vore nog krävs också att barn och elever har en motivation som inneboende drivkraft och vilja att söka kunskap. Att de är nyfikna, kreativa, empatiska, har en social förmåga och en trygg identitet samt äger tilltro till den egna förmågan. För många elever med språkliga utmaningar och svårigheter kan mycket av detta te sig oöverstigligt. Alla kan inte utvecklas och lära i samma takt. Ett kompenserande stöd tillsammans med de vuxnas kunskap om barnet och elevens styrkor och svagheter måste till för att vägen framåt ska vara värd att gå. I en trygg skolmiljö där man känner att man får börja där man står och att varje steg man tar är ett steg närmare målet vågar man försöka trots rädsla för att misslyckas. Då kan man också nå sin fulla utvecklingspotential. Den insikten har Sara, Mariam, Love och många fler barn och elever lärt mig.

9. Hur berättelser har påverkat min förståelse och mitt lärande i specialpedagogiska frågeställningar med fokus på handledning

Utifrån ett metaperspektiv skapas förutsättningar att reflektera över vårt görande och förståelse för hur det fungerar i den verksamhet och det sammanhang som vi befinner oss i. När vi samtalar och diskuterar med varandra så lyssnar vi, reflekterar över det vi hör och tar ställning till det som sägs. I den bästa av världar lyckas vi betrakta det genom att ställa oss lite vid sidan av vårt eget görande, släppa det vi tar för givet och på sikt utveckla ett lärande om vårt eget lärande. Det kan då förändra hur vi hanterar dilemman på ett mer ändamålsenligt sätt. Det blir en förändring av andra ordningen vilket innebär att organisation och individer tänker och reflekterar över hur man tidigare gjort. Det i sig skapar en ny förståelse som bidrar till kunskapsutveckling samt utveckling av förhållningssätt och verksamhet.

Ann-Marie Körling tar in metaperspektivet i ett kunskapssökande som leder till ökad kunskap och ökat lärande i sin blogg "Körlings Ord" från november 2013. Ann-Marie Körling är bland annat grundskollärare, föreläsare, författare, lärarutbildare och pedagogiskt sakkunnig i en mängd skolfrågor kopplade till Skolverk och Skolinspektion. Hon skriver följande med rubriken "Metaperspektiv på hur mycket kunskap som krävs för att söka kunskap":

Jag funderar alltid på hur jag söker kunskap. Jag inser att, jag för att kunna söka kunskap, har en mängd kunskaper. Det är dessa kunskaper som gör att jag kan söka kunskap. Då jag söker kunskap orienterar jag mig alltså genom de kunskaper jag har, vilka begrepp jag kan använda. Genom min kunskap kan jag också hjälpligt sålla källorna, alltså vilka källor jag kan använda mig av, vilka källor jag inte kan använda, vilka källor som hör samman med forskning, vilka källor som inte anger någon hänvisning. Jag använder min kunskap för att förstå hur jag ska söka kunskap. När jag sedan får kunskap förändras det mesta – min föreställning om det jag kunde kan komma att krossas, förändras, påverkas, ifrågasättas, vidga min kunskap. Så är det med kunskap. Den förändras och ska förändras. Inom mig. Göra mig mer frågande. Göra mig mer nyfiken. Göra att jag söker mig vidare. Med den kunskap jag nu har.

Människan är en kunskapssökande och kommunicerande varelse. Kunskap och kommunikation befruktar varandra. Vi kommunicerar budskap såväl med ord som med kropp och kommunicerar både med ett direkt uttryck men också med ett metauttryck dvs. på vilket sätt det uttryckta uttrycks (Hougaard, 2004). Hougaard menar att av en mängd olika anledningar och då exempelvis på grund av metakommunikationens art uppfattas inte alltid ett budskap av mottagaren på det sätt som sändaren menat och tänkt.

Jag återvänder till hur mitt kunskapssökande och berättelserna som en del av mitt arbete som specialpedagog utvecklat min förståelse och mitt lärande i specialpedagogik och handledning i specialpedagogiska frågor. Har handledning och dess berättelser bidragit till att fånga och synliggöra även det som finns "under ytan" och vad är det som gör att handledningen blir ett stöd i utveckling av andra ordningen i verksamheten? Som tidigare sagts så har berättelserna givit mönster och ledtrådar runt barn och elevers lärande och utveckling men även insikter om vad som påverkar ett handledningssamtal så att det skapas förutsättningar för att "fånga det som finns under ytan". Om vi lyckas fånga dessa underliggande påverkansfaktorer skapas utvecklingsmöjligheter för en förändring av verksamheten av "andra ordningen".

Utifrån berättelserna om Love, Mariam och Sara som får representera en mängd handledningssamtal runt elever och ärenden under åren som gått, blir det tydligt att den pragmatiska förmågan hos samtalsdeltagarna är en viktig påverkansfaktor. Det vill säga hur vi förmår att lyssna, komma ihåg, tolka, ta vår samtalspartners perspektiv samt tolka både språkliga och ickespråkliga signaler och på så sätt kunna bättre förstå hur den andre tänker. Mey (2001) talar om samtal som en talakt, ett "drama" som förs på en kontextuell arena eller scen där ett manus, "script" används som styr samtalsdeltagarna så att de i mindre eller högre grad vet vad som förväntas av dem. Min erfarenhet är att den formella ramen som består i att deltagarna vet syftet med samtalet, hur länge samtalet ska pågå, var man ska vara, att det är en ostörd plats och ostörd tid samt hur det hela ska gå till och är upplagt är viktigt för att man ska känna lugn och trygghet. Här har den som innehar en ledande ställning eller chefskap ett ansvar att se till att det finns förutsättningar att skapa detta. Att verksamheten inte är så pressad att den som ska delta helt plötsligt får andra uppgifter som anses akuta eller att tiden äts upp av information som egentligen inte hör till det som handledningen gäller. Från ledningens sida bör man också vara lyhörd för de dilemman som uppstår i verksamheten och som genererar ett behov av kompetensutveckling inom det området. Då skapas en öppenhet och mottaglighet som är en bra grogrund. En annan viktig sak och många gånger det som är svårast att få till är att innanför den formella ramen ha en sådan tillit och förtroende för varandra att samtalsdeltagarna vågar säga det som "finns under ytan". Den tilliten och det förtroendet baserar sig på tidigare erfarenheter av hur det fungerar berörda emellan i vardagliga situationer och hur de ser på varandras göranden och förhållningssätt i olika situationer. Leinonen m.fl (2000) talar om "costs and benefits" vilket är ett tillämpbart begrepp vad gäller detta. Mer eller mindre medvetet försiggår ständiga överväganden. Hur kommer mina kollegor att reagera om jag säger detta? Hur ska jag få fram det jag verkligen tycker och tänker så att det äntligen blir en ändring till det bättre för arbetslaget, barnet eller eleven? I exemplet F var det just den frågan som pedagogen brottades med. Det går heller inte att bortse ifrån det maktperspektiv som Mey (2001) visar på. I en grupp finns hierarkier bestående av olika yrkesutbildning, arbetslivserfarenhet men också av vilka som brukar ta ordet och tycka sig veta hur saker och ting bör vara och fungera. Jag har också många gånger funderat och reflekterat över min roll som specialpedagog. Per automatik rymmer den en expertfunktion eftersom specialpedagogen ofta kallas till en verksamhet när något upplevs som svårt att lösa. Hur gör man för att inte vara den som "vet bäst" och samtidigt bidrar till att pedagoger och personal känner att de fått det stöd de behöver? Att förändringen inte blir av första ordningen dvs i princip "status quo" utan att verksamheten får möjlighet att utvecklas och förändras.

Enligt Lauvås och Handal (2015) bör specialpedagogisk handledning ta sin utgångspunkt och bygga på pedagogernas upplevelser och kunskaper kring sitt arbete. Reflektion bör vara en central del. Vad är det då pedagoger och personal har med sig in i samtalet utifrån sin yrkesroll? Utifrån den frågeställningen har det för mig varit viktigt att ha med några begrepp i min tankevärld när jag mött pedagoger och personal i handledning i förskola och skolan. Begreppen är inte nya men ändå aktuella. Ett av dem är begreppet påståendekunskap, myntat av Josefsson (1996). Påståendekunskap kan ses som en sorts praktikerkunskap, i detta fall pedagogers kunskap. Pedagoger får under sin utbildning en stor mängd av teoretisk kunskap som till viss del är praktikanknuten. Den teoretiska kunskapen ska så småningom efter examination tas med ut i yrkeslivet. Kunskapen består av påståenden, teorier, förhållningssätt, metoder och regler utifrån styrdokument som kan vara

111

tillämpliga i olika situationer. För att påståendekunskapen ska bli levande behöver den omsättas i praktisk handling. Ett annat begrepp benämns som förtrogenhetskunskap. Påståendekunskaper och förtrogenhetskunskaper är inte olika kunskaper utan mer olika sidor av pedagogers kunskap. Uppsättningen av olika tänkesätt och handlingssätt som teoretiska kunskaper ger oss, blir inte meningsskapande förrän vi blir förtrogna med det sammanhang som vi ska utöva dem i. Då uppstår en växelverkan mellan dessa två. Förtrogenhetskunskapen blir den kunskap som utvecklas i samspel mellan vår teoretiska kunskap och det vi lär oss när vi löser vardagliga dilemman i vår egen verksamhet. Det tredje begreppet är tyst kunskap det vill säga all den kunskap som används i praktiken men som inte alltid är teoretiskt formulerad. En kunskap som inte uttalas men är en förutsättning för att det vi strävar efter ska kunna uppnås. Pedagogen vet hur den ska undervisa metodiskt och vad som fungerar i olika situationer men kan inte alltid hänvisa sina göranden och val av metoder till någon teori eller metodisk skola. I min roll som specialpedagog har det varit viktigt att försöka bidra till att skapa ett samtalsklimat som gör deltagarna så pass trygga att de sätter ord på sin tysta kunskap. Att samtalsdeltagarna också delger varandra metoder baserad på teoretisk kunskap som de upplever fungerande. Det är också viktigt att relativt nyexaminerade känner att de får respekt för den teoretiska kunskap och de metoder de förvärvat även om de inte är prövade i större omfattning. Om påståendekunskap, förtrogenhetskunskap och tyst kunskap får brytas mot vetenskaplig kunskap skapas goda förutsättningar för en utveckling av andra ordningen i verksamheter. Skollagen visar på vikten av att vetenskaplig kunskap tillsammans med de professionellas erfarenheter och kunskaper finns med i förskolans och skolans arbete. I skollagen står att utbildningen ska vila på vetenskaplig grund och beprövad erfarenhet. En vetenskaplig grund ska vara en utgångspunkt när man planerar, genomför och utvärderar verksamhetens arbete. Pedagoger, rektorer, ledning och professionellas praktiska kunskap, förtrogenhetskunskap och tysta kunskap utvecklas när den omsätts i praktisk handling och möjliggör att utveckling sker av den beprövade erfarenheten. Givetvis behöver vetenskaplig forskning tolkas och man behöver ta ställning till om den är relevant för den egna verksamheten i det skede den befinner sig i.

I handledningssamtal bidrar samtalsdeltagarna med den beprövade erfarenhet som de har med sig. I dessa samtal behöver den brytas mot övriga deltagares men även mot vetenskaplig kunskap som ger ett mer distanserat perspektiv. Det ger en dynamisk och spännande samtalssituation. Den kritiska realismen påstår att det finns en verklighet som inte är tillgänglig för omedelbar observation. Det finns krafter och mekanismer som vi inte kan observera men som vi erfar, eftersom de får saker att hända. I denna djupare dimension kan vi söka efter kunskap. I vardagligt tal säger vi att "det ligger något bakom". Det finns en verklighet bortom det vi ser, Danermark (1997).

I samtal och dialog möts människor med olika religion, kultur, moraliska och etiska värderingar. Skolpersonalens och elevernas sociala bakgrund är olikartad. Tankar om hur undervisning ska bedrivas och på vilken kunskapssyn och värdegrund den ska vila varierar. Detta kan många gånger ge upphov till konflikter och samtal där deltagarna känner sig vilsna och inte vet riktigt hur de ska agera och tänka. Det är genom att acceptera och tillåta konflikten och belysa vilsenheten med dess frågor, funderingar och reflektioner som vi kan låta olika perspektiv brytas mot varandra. På så sätt får vi kunskap om hur olika människor förstår världen och att det inte finns en enda sanning som förklarar ett givet problem.

Avslutningsvis.
I denna bok finns en avgränsning med fokus på språkliga utmaningar och kommunikation. Givetvis har jag under åren haft förmånen att handleda anställda i förskola och skola i en mängd andra frågeställningar, ibland mer ämnesspecifika. Genomgående är dock att språk och kommunikation färgar av sig i alla ämnen och relationer och då per automatik i allt lärande. Ja i allt som har med livet att göra som Mey (2001) uttrycker det "Språket kodar på sätt och vis det mänskliga livet". Hur har då mitt kunskapssökande och berättelserna som en del av mitt arbete som specialpedagog utvecklat min förståelse och mitt lärande i handledning i specialpedagogiska frågeställningar?

Som tidigare skrivits är min erfarenhet att berättelser har kunnat bidra med att synliggöra och skapa förutsättningar för att upptäcka mönster som bidrar till en ökad förståelse av det som händer i barnets/elevens vardag, hur barnet fungerar tillsammans med andra och hur optimala utvecklingsmöjligheter ska kunna skapas. Berättelserna blir olika i sin utformning beroende på situation och syfte med besöket. Rent praktiskt har pedagogerna fått berättelsen i god tid före handledningstillfället för att enskilt och/eller tillsammans läsa igenom, reflektera och samtala runt det hela. Något som ibland har varit ett dilemma att få till organisatoriskt. Även här har det varit viktigt att pedagogerna haft ledningens stöd så att det blir möjligt. Vid själva handledningstillfället har jag som specialpedagog haft tillfälle att fråga huruvida man känner att det som beskrivs motsvarar den bild som pedagoger och personal har. Det har också blivit tillfälle till att lyfta sådant som man känner sig frågande eller kritisk inför. I samtalen har man ställt frågor sinsemellan om hur man tänker om dilemman, metoder och förhållningssätt. Jag tänker att det på sikt ger en ökad kunskapsbank att hämta ur. En form av generaliserad kunskap som kan bidra till förändring och utveckling. För egen del har det varit ett gemensamt lärande som har varit en resa av gemenskaper, upptäckter, glädjeämnen och ibland sorger men som alltid varit mödan värd. Det dikten "I rörelse" av Karin Boye säger är i samklang ned detta. Den får avsluta.

I rörelse

Den mätta dagen, den är aldrig störst.
Den bästa dagen är en dag av törst.
Nog finns det mål och mening i vår färd
men det är vägen, som är mödan värd.
Det bästa målet är en nattlång rast,
där elden tänds och brödet bryts i hast.
På ställen, där man sover blott en gång,
blir sömnen trygg och drömmen full av sång.
Bryt upp, bryt upp! Den nya dagen gryr.
Oändligt är vårt stora äventyr.

Av Karin Boye

Referenser

Ahrenfelt, B. (2013). Förändring som tillstånd: att leda förändrings- och utvecklingsarbete i företag och organisationer. Lund: Studentlitteratur.

Atkinson, R. (1998) "The Life Story Interview". London: SAGE Publications: Qua litative Research Methods Series. Vol. 44

Boye, K. (1927). Härdarna. Stockholm: Bonniers

Bruce, B; Sventelius, E; Ivarsson, U. & Svensson, A-K. (2016). Språklig sårbarhet i förskola och skola. Barnet, språket och pedagogiken. Lund: Studentlitteratur.

Danermark, B., Ekström, M., Jakobsen, L & Karlsson, J.Ch. (1997). Att förklara samhället. Lund: Studentlitteratur.

Ds 2008:23. FN:s konvention om rättigheter för personer med funktionsnedsättning. Stockholm, Sverige: Socialdepartementet, Regeringskansliet.

Ellneby, Y. & Hilgers von, B. (2006). Hör du vad jag säger? Fyra öron – en samtalsmodell som fungerar. Stockholm: Bokförlaget Natur och Kultur.

Gjems, Liv (1997). Handledning i professionsgrupper. Lund: Studentlitteratur.

Hougaard, B. (2004). Praktisk vägledning i kommunikation för lärare i förskola och skola. Stockholm: Liber AB.

Josefsson, I. Vad är det en erfaren lärare kan? Dialoger 1996:36, 19 -21.

Kirkegaard, S. (1848). Synspunktet for min Forfatter-Virksomhed. Utgiven 1859 av Peter Kierkegaard.

Körling, A-M. Metaperspektiv på hur mycket kunskap som krävs för att söka kunskap. Körlings ord 2013-01-11

Lauvås, P. & Handal, G. (2015). Handledning och praktisk yrkesteori. Lund: Studentlitteratur.

Leinonen, E. Letts, C & Rae Smith, B. (2000). Children´s Pragmatic Communication Difficul-ties. Great Britain: Whurr Publishers.

Lindgren, A. (1964). Vi på Saltkråkan. Stockholm: Rabén & Sjögren.

Lindgren, A. (1961). Lotta på Bråkmakargatan. Stockholm: Rabén & Sjögren.

Mey, J. L. (2001). Pragmatics. An introduction. Great Britain: Blackwell Publishers.

Nationalencyklopedin (2000): NE Nationalencyklopedin.

Nettelbladt, U & Salameh, E-K (red.). (2007). Språkutveckling och språkstörning hos barn. Lund: Studentlitteratur.

Nettelbladt, U & Salameh, E-K (red.). (2013). Språkutveckling och språkstörning hos barn. Pragmatik - teorier, utveckling och svårigheter. Lund: Studentlitteratur.

Tveiten, S. (2010). Yrkesmässig handledning: mer är ord. Lund: Studentlitteratur.

Åberg, A & Lenz Taguchi, H. (2005). Lyssnandets pedagogik – etik och demokrati i pedagogiskt arbete. Stockholm: Liber AB.

SFS 2010:800. Skollagen. Stockholm, Sverige: Utbildningsdepartementet.

SFS 2018:1197. Lag om Förenta nationernas konvention om barnets rättigheter. Stockholm, Sverige: Socialdepartementet.

Skolverket. (2018). Läroplan för förskolan: Lpfö 18. Skolverket.

Skolverket (2011). Läroplan för grundskolan (Lgr11). Skolverket.